Prof. Dr. Klaus Westphalen

Das didaktische Konzept

von ROMA B

D1666645

C.C. BUCHNERS VERLAG · BAMBERG
J. LINDAUER VERLAG (SCHAEFER) · MÜNCHEN
R. OLDENBOURG VERLAG · MÜNCHEN

Prof. Dr. Klaus Westphalen

Das didaktische Konzept von ROMA B

A. Grundsätzliche Überlegungen

Im vorliegenden Heft soll ausführlich erläutert werden, wie die ROMA-Konzeption zustande gekommen ist, welches die grundlegenden Ideen zur Gestaltung von ROMA B waren, wie sich Autoren, Berater und Herausgeber die Verwirklichung eines optimalen Unterrichts damit vorstellen. Ein Übungsbuch ist ja kein Steinbruch, aus dem nach Belieben Material entnommen werden kann, sondern ein gründlich geplantes, nach „allen Regeln der Kunst" gefertigtes Gebäude, dessen Architekten einige Leitgedanken verwirklichen wollten. Je bewußter diese Leitgedanken von den Benutzern aufgenommen und umgesetzt werden, um so wohnlicher dürfte das Gebäude sein, um so leichter wird die Arbeit mit ROMA B fallen.

1. Entwicklung und Situation der altsprachlichen Didaktik

Die Anfänge der heutigen ROMA-Konzeption gehen auf die frühen 70er Jahre zurück. In dieser Zeit geriet der altsprachliche Unterricht in den Strudel einer heftigen Reform- und Curriculum-Diskussion und lief Gefahr, davon fortgerissen zu werden. Heute darf mit Befriedigung festgestellt werden, daß es dank den intensiven Bemühungen altsprachlicher Didaktiker gelungen ist, den Lateinunterricht in der Bundesrepublik zu stabilisieren. Dies geschah vornehmlich durch eine grundlegende didaktische Modernisierung, die vom damaligen Didaktikausschuß des Deutschen Altphilologenverbandes angestoßen wurde, dem übrigens der Verfasser dieser Erörterungen angehörte.

Die Entwicklung der altsprachlichen Didaktik in den letzten anderthalb Jahrzehnten kann im Rahmen dieser Broschüre selbstverständlich nicht nachgezeichnet werden. Dies ist auch nicht nötig, da wir uns in der glücklichen Lage befinden, über hervorragende Kompendien, Bestandsaufnahmen und Handbücher zu verfügen. Hervorgehoben seien folgende Werke, denen das ROMA-Team eine reiche Fülle von Anregungen verdankt und die im folgenden Text nur in Kurzform zitiert werden:

— Die informativ zusammenfassenden Bücher von *Rainer Nickel*: Altsprachlicher Unterricht — neue Möglichkeiten seiner didaktischen Begründung 1973; Didaktik des altsprachlichen Unterrichts — deutsche Beiträge 1961 — 1973, 1974; Die alten Sprachen in der Schule — didaktische Probleme und Perspektiven 1974, 2. Aufl. 1978; Einführung in die Didaktik des altsprachlichen Unterrichts 1982

1

- die umfassende Neubegründung der Didaktik und Methodik des Lateinunterrichts durch *Friedrich Maier*: Lateinunterricht zwischen Tradition und Fortschritt. Bd. I 1979, Bd. II 1984, Bd. III 1985 (Bd. I zit. Maier LU)
- der handliche Lehrer–Leitfaden von *Hans–Joachim Glücklich*: Lateinunterricht – Didaktik und Methodik 1978 (zit. Glücklich LU)
- die materialreichen Kompendien von *Joachim Gruber/Friedrich Maier* (Hg.): Handbuch der Fachdidaktik, Alte Sprachen 1, 1979 (zit. Gruber/Maier); *Wilhelm Höhn/Norbert Zink* (Hg.): Handbuch für den Lateinunterricht, Sekundarstufe II, 1979 (zit. Höhn/Zink); *Udo Frings/Hermann Keulen/Rainer Nickel*: Lexikon zum Lateinunterricht, 1981 (zit. Frings/Keulen/Nickel)

Die genannten Werke dokumentieren die Beweglichkeit, mit der sich die altsprachliche Didaktik um ein zeitgemäßes curriculares Angebot im weitesten Sinne bemüht hat: Ziele und Inhalte des Unterrichts sind ebenso neu durchdacht worden wie die Lehr-/Lernmethoden und die Formen der Lernerfolgskontrolle. Aus der Fülle der Themen lassen sich drei Stränge herausheben, die von ausschlaggebender Bedeutung für die Entwicklung und gegenwärtige Situation der altsprachlichen Didaktik und damit natürlich auch für die Gestaltung von ROMA waren:

- Das Axiom der Multivalenz des altsprachlichen Unterrichts, insbesondere markiert in der sog. DAV–Matrix von Otto Schönberger und Klaus Westphalen, in der vier Inhaltsbereiche unterschieden werden: Sprache; Literatur; Gesellschaft, Staat, Geschichte; Grundfragen menschlicher Existenz (Humanismus)
- die Befreiung des Lateinunterrichts von der „Lateinlehrer–Ideologie", vor allem gefördert durch Manfred Fuhrmann, und die Übernahme der Unterrichtsaufgabe des „existentiellen Transfers" (vgl. Heinz Munding: Antike Texte – aktuelle Probleme. Bamberg 1985), d. h. eine unideologische Auseinandersetzung mit antiken „Denkmodellen" (Friedrich Maier) im Hinblick auf die eigenen Probleme und Fragen der Schüler.
- die Ausgestaltung und Verstärkung der Lernziele Sprachreflexion und Textreflexion (Willibald Heilmann u. v. a.) unter dem Einfluß neuerer linguistischer Strömungen, insbesondere der Textanalyse. Wie beim Betreten wissenschaftlichen Neulandes üblich, prägten sich Tendenzen aus, neue Prinzipien zu übersteigern oder gar zu verabsolutieren. Auf dem altsprachlichen Sektor haben Curriculumtheorie und Lernzielorientierung, Entideologisierung und aktueller Gesellschaftsbezug, Linguistik und Methoden der Texterschließung solche Gefahren mit sich gebracht. Man wird aber feststellen können, daß derzeit – in den Jahren einer allgemeinen „Wende" – eine Rückkehr der altsprachlichen Didaktik zu bewährten Traditionen erfolgt, ohne daß die didaktischen und methodischen Fortschritte der Reformperiode über Bord geworfen würden.

2. Der Lateinunterricht im Rahmen einer allgemeinen gymnasialen Bildungsidee

Unsere bisherigen Erörterungen haben den Lateinunterricht von innen her, fachimmanent ins Auge gefaßt. Doch muß versucht werden, das Fach in den Gesamtzusammenhang der Gymnasialpädagogik zu stellen, denn welches am Gymnasium vertretene Fach nährt sich mehr von einer Idee gymnasialer Bildung als gerade Latein, das umgekehrt aber auch diese Idee im Laufe der Jahrhunderte immer wieder befruchtet hat. Die Symbiose zwischen Lateinunterricht und Gymnasialbildung hat der Verfasser in einer kleinen Schrift mit dem Titel: Englisch und Latein, Fundamentalsprachen des Gymnasiums, Stuttgart 1984, dargestellt, aus der auch die folgenden Gedanken entnommen sind, soweit sie für die ROMA−Konzeption von Wichtigkeit sind.

1. „Was heißt heute gymnasial? ‚Gymnasial‘ meint eine Bildungsintention, die an die Schüler zwar vertretbare, aber *möglichst hohe* Ansprüche im kognitiven und nichtkognitiven Bereich stellt ...“ (S. 14)

2. „Was sind die Ziele der Gymnasialbildung? ... allgemeine Studierfähigkeit; erweiterte und philosophisch vertiefte Bildung an komplexen Erscheinungen und Zusammenhängen in Kultur, Natur und Gesellschaft; Fähigkeit zur Selbstbestimmung in erweiterter sozialer Verantwortung ...“ (S. 14)

3. „Was sind die Inhalte gymnasialer Allgemeinbildung?

   (1) Die sichere Beherrschung der wichtigsten Verständigungsmittel: der Muttersprache, der englischen Sprache als der meistverbreiteten Fremdsprache, der Zahlensprache der Mathematik und mindestens einer weiteren Fremdsprache

   (2) die Verfügung über eine allgemeine Systematik der Vorstellungsbereiche, d. h. Rastersysteme, die es gestatten, sich in Natur, Kultur und Gesellschaft zurechtzufinden, z. B. einen chronologischen Überblick über die Geschichte

   (3) eine engere Bekanntschaft mit den großen Gegenständen der Kultur, nicht nur in Kunst, Literatur und Geisteswelt, sondern auch in Technik und Naturwissenschaften

   (4) ein tieferes Verständnis der großen Zeitprobleme und -dissonanzen ...“ (S. 15)

4. „Welche Unterrichtsprinzipien sind für das Gymnasium charakteristisch?

   (1) Prinzipielles Fragen: Natürlich ist die Aufgabe jeden Unterrichts, schwierige Dinge so einfach wie möglich zu erklären. Der Gymnasialunterricht muß darüber hinaus aber noch ein Paradox leisten: Er muß die scheinbar einfachen Dinge schwierig machen. Das soll heißen: Der Gymnasiast muß systematisch geschult werden, nach den Prinzipien, dem Urgrund, dem Sinn einer Sache zu fragen. Seine Standardfrage muß die philosophische nach dem ‚Warum‘ sein.

   (2) Kategoriales Denken: Hierunter wird die Fähigkeit verstanden, die Dinge auf den (Allgemein−)Begriff zu bringen, sie nach Kategorien zu ordnen, sie einem System zuzuschreiben, sie unter einem bestimmten Aspekt zu betrachten. Dafür muß der Gymnasiast sich eine unerläßliche Voraussetzung erarbeiten: Er muß über eine Systematik der Vorstellungswelt verfügen.

   (3) Distanzierte Reflexion: Der Gymnasiast darf keine Behauptung, keinen Text, keine Regel unverstanden, unbedacht hinnehmen, er muß nach der ersten − vordergrün-

digen – Kenntnisnahme Distanz suchen, sich gleichsam zurücklehnen (re-flektieren) und das Objekt aus der Distanz beurteilen ..." (S. 15)

5. „Wie läßt sich der Bildungsbegriff zusammenfassend beschreiben?

Immer noch und immer wieder in Anlehnung an W. v. Humboldt: Die menschlichen Kräfte bedürfen zu ihrer Bildung einer ‚Welt außer sich‘, d. h. eines Widerstandes, an dem sie sich ausprägen können. Daher ‚sucht der Mensch so viel Welt als möglich zu ergreifen und so eng, als er nur kann, mit sich zu verbinden‘. Das Ich und die Welt stehen einander gegenüber ..." (S. 16)

3. Konsequenzen für die Gestaltung von ROMA B

„Die Didaktik des Lateinunterrichts hat in den letzten Jahren eine geradezu stürmische Entwicklung genommen" (Glücklich LU 9). Hieraus und aus der Einbettung des Faches in die gymnasiale Bildungsidee ergaben sich für die Gestaltung der ROMA–Konzeption und speziell für ROMA B eine Reihe von direkt und indirekt spürbaren Konsequenzen. Die wichtigsten seien in diesem Grundsatzteil im folgenden zusammengestellt.

3.1 Das schwierigste Problem war, zwischen der stürmischen Entwicklung einerseits und der Aufgabe, Kontinuität zu wahren, andererseits die *richtige Balance* zu halten.
Das ist wahrhaftig nicht immer leichtgefallen, zumal diese Polarität in der Bundesrepublik noch von regionalen Unterschieden überlagert wird. Im Klartext: Die ROMA–Konzeption wurzelt in Bayern, jenem Lande, in dem der traditionelle Lateinunterricht noch eine vergleichsweise feste Position hat; die B–Ausgabe sollte aber universal verwendbar sein, d. h. auch den Bedingungen (vor allem den Stundenzahlen!) und den Wünschen der anderen Bundesländer angemessen sein. Von unschätzbarem Wert war daher die Funktion von sogenannten „beratenden Mitarbeitern", für die drei hervorragende Fachleute aus Baden–Württemberg, Nordrhein–Westfalen und Rheinland–Pfalz gewonnen werden konnten. Das ROMA–Team hofft, insgesamt den Mittelweg zwischen didaktischer Modernität und lernpsychologischer Solidität gefunden zu haben.

3.2 Aus der fachdidaktischen Diskussion wurde insbesondere das Prinzip der *Pluralität der Lernziele* übernommen. Hierbei war die obenerwähnte Matrix des DAV von Schönberger und Westphalen zugrunde liegendes Strukturgitter. Daß die Inhaltsklasse *Sprache* in der Phase des „Sprachunterrichts", der ja dem „Lektüreunterricht" gegenübergestellt wird (Maier, LU, 40 f.), eine dominierende Rolle spielt, ist selbstverständlich. Auf der anderen Seite wurde größter Wert gelegt auf bedeutende Autoren, Texte, Themen, so daß der Inhalt von ROMA - B die drei übrigen Inhaltsklassen voll abdeckt. Schon das Inhaltsverzeichnis etwa des Bandes II zeigt auf, daß die bedeutenden Autoren der lateinischen *Literatur* in weitem Umfang eingebracht sind. *Gesellschaft, Staat und Geschichte* als dritte Inhaltsklasse werden mehr als häufig in zahlreichen Kapiteln angesprochen und durch die zugrunde liegende Systematik in einen Ordnungsrahmen gestellt. Die problembeladene Inhaltsklasse *Grundfragen menschlicher Existenz* (vgl. neuerdings H. Munding, MDAV 4/1985, 88 ff.) kann natürlich in der Phase des Sprachunterrichts nur vorbereitet werden, doch bietet ROMA B hierzu reichliche Gelegenheit, z. B. anläßlich der Galerie der Kaisergestalten in Band II. Selbstverständlich zielen die ROMA–Texte nicht nur auf intellektuelle Schulung ab. Sehr viele Lektionen lassen sich auf *affektive Lernziele* hin planen (z. B. Kap. 28: Sklaven in Rom, Kap. 84: Der Konsul Regulus hält sein Wort). Heinrich Krefeld, einer der beratenden Mitarbeiter von ROMA B, hat hierfür einen grundlegenden Aufsatz veröffentlicht: Affektive Lernziele im Lateinunterricht, in: Gymnasium 24 (1977), 291 ff.

3.3 Die vom Verfasser herausgehobenen Schwerpunkte gymnasialer Allgemeinbildung haben (mit Ausnahme des vierten, ,,aktuelle Zeitprobleme und –dissonanzen'') in ROMA B ihren Niederschlag gefunden. Hierzu einige kurze Anmerkungen:

– Sprache wird sowohl als wichtiges *Verständigungsmittel* angesehen (Latein als Infrastruktur moderner Sprachen; vgl. z. B. die Übungen zur Erklärung von Fremdwörtern) wie auch als *,,Weltansicht''* (Wilhelm v. Humboldt). ROMA B versucht ein möglichst umfassendes Bild der Antike zu vermitteln.

– ,,Im lateinischen Sprachunterricht ist *Ordnung* schlechthin das didaktische Prinzip'' (Maier, LU, 72). ROMA B unterscheidet sich von anderen lateinischen Lehrbüchern vor allem durch eine konsequente Befolgung dieses Prinzips. ROMA B zielt explizit auf die ,,Ordnung der Vorstellungswelt'' (Theodor Wilhelm) bei den Schülern, strebt eine *Systematik* der grammatischen Kenntnisse, aber auch eine Systematik in den Inhalten an. Weder sprachlich noch thematisch wird dem Schüler ein ,,Hin– und Herspringen'' zugemutet, vielmehr werden Grammatik und Lektionen folge–richtig aufgebaut.

– Mit ,,*großen Gegenständen*'' ist die Hervorhebung von Lerninhalten gemeint, die ihre Bedeutung durch eine besonders intensive Rezeption erwiesen haben. ROMA B trifft eine diesbezügliche Auswahl von Autoren und Themen. Es treten die großen Gestalten der griechisch–römischen Geschichte auf, die wichtigsten Mythen der Griechen werden erzählt, die Schauplätze Roms werden plastisch beschrieben, es finden sich Proben der bedeutendsten Schriftsteller in lateinischer Sprache usw.

4. Ein Blick in die Werkstatt von ROMA B

Die vierbändige Ausgabe von ROMA A wurde seit 1971 gemeinsam vom C.C. Buchners Verlag in Bamberg und den Herausgebern Josef Lindauer, damals Oberstudiendirektor des traditionsreichen Münchner Wilhelmsgymnasiums, und Klaus Westphalen, damals Leiter der Abteilung Allgemeine Wissenschaften am Staatsinstitut für Schulpädagogik in München, geplant und entwickelt. Die Verfasserteams für die einzelnen Bände kamen aus Regensburg, Dillingen a. d. Donau, Bamberg und München. Das Werk wurde primär für den Unterricht in Latein als erste Fremdsprache an den Gymnasien Bayerns entworfen und eroberte sich dort eine dominierende Position.

Darüber hinaus wurde und wird die A—Ausgabe in so gut wie allen Bundesländern im Unterricht für Latein als erste Fremdsprache verwendet, überall dort, wo ein solider, gemäßigt fortschrittlicher und systematischer Unterricht geschätzt wird. Doch stellte sich bald heraus, daß in vielen Bundesländern die dort dem Lateinunterricht zugestandenen Wochenstunden nicht ausreichten, um die vier Bände von ROMA A in angemessener Zeit zu bewältigen. Außerdem war man vielfach nicht geneigt, bestimmte Eigenheiten des bayerischen Lehrplans (z. B. die Massierung der unregelmäßigen Verben in Bd. II) zu tolerieren.

Die dringlichen Wünsche jener Gymnasien, die zwar dem ROMA—Konzept die Treue halten wollten, aber eine kürzere Ausgabe benötigten, veranlaßten den Verlag dazu, eine gestraffte Ausgabe in zwei Bänden ins Auge zu fassen. Den Herausgebern, von denen Josef Lindauer inzwischen in den Ruhestand getreten, Klaus Westphalen Professor für Schulpädagogik in Kiel geworden war, gelang es, sich die Mithilfe und Beratung der erfahrenen Didaktiker und Methodiker Prof. Dr. Heinrich Krefeld (Nordrhein—Westfalen), Prof. Dr. Helmut Vester (Baden—Württemberg) und Oberstudiendirektor Walter Vogt (Rheinland—Pfalz) zu sichern.

Ursprünglich war geplant, einen Band I für Latein als erste Fremdsprache und einen modifizierten Band I für Latein als zweite Fremdsprache zu entwickeln, die dann nach getrennten methodischen Wegen sich in Band II wiedervereinigen sollten. So sehr auch das ROMA—Team der Meinung war, es müsse der verschiedenen Altersstufe und Lerngeschichte der Schüler durch je verschiedene didaktische „Betreuung" (treatment) Rechnung getragen werden, so wenig konnten die in der Literatur vorfindlichen Unterscheidungen zwischen L 1 und L 2 und die auf Befragung hin erteilten Auskünfte von Praktikern eine überzeugende inhaltliche Differenzierung begründen. Nicht wirtschaftliche Gründe sind es also, weshalb wir ROMA B versuchsweise als Werk für L 1 u n d L 2 empfehlen, sondern die Überzeugung, daß die beiden Bände so abgefaßt sind, daß sie von zehnjährigen ebenso wie von zwölfjährigen Schülern begonnen werden können. Es wird unser besonderes Bestreben sein, in den späteren Lieferungen des Lehrerhandbuches den Kollegen gesonderte Erfahrungen mitzuteilen, je nachdem das Buch für L 1 oder L 2 benutzt wird.

6

B. Allgemeine didaktische und methodische Hinweise

1. Die Adressaten von ROMA B

ROMA B kann im Lateinunterricht der ersten oder zweiten Fremdsprache verwendet werden. Je nach Zahl der zur Verfügung stehenden Wochenstunden ist der Stoff zu verteilen, konkrete Vorschläge hierfür macht das Lehrerhandbuch. In der Regel werden Schüler, die mit Latein als erster Fremdsprache beginnen, die beiden Bände in vier Schuljahren durcharbeiten, Schüler, die Latein als zweite Fremdsprache nach Englisch lernen, werden gewöhnlich drei bis dreieinhalb Jahre benötigen.

An Schulen, die sowohl L 1 und L 2 anbieten, ist die Verwendung von ROMA B zweifellos sehr vorteilhaft, da einerseits die Lehrer sich an ein einheitliches Konzept gewöhnen können und andererseits die Schüler bei einer Fortführung des Lateinunterrichts auf der gymnasialen Oberstufe auf gemeinsame Lernerfahrungen sich rückbeziehen können.

Leider hat die altsprachliche Didaktik dem „typischen" L–2–Schüler bisher verhältnismäßig wenig Aufmerksamkeit geschenkt. Um dem Lehrer, der ROMA B für Latein als zweite Fremdsprache verwendet, dennoch Hilfen zu benennen, sei auf folgende Literatur verwiesen:

– Glücklich „Parallelen Englisch – Lateinisch und ihre methodische Nutzung" (LU S. 100–103). „Die Gestaltung des Grammatikunterrichtes in Abhängigkeit von seinen Zielen und von Alter und Vorkenntnissen der Schüler" (ebd. S. 88–91)

– Maier „Sprachunterricht in den verschiedenen Lateinkursen" (LU S. 113–117)

– Klaus Westphalen: Englisch und Latein, Fundamentalsprachen des Gymnasiums, Stuttgart 1984, darin: „Englisch und Latein als kontrastive Fundamentalsprachen" (S. 20–23)

Praxisnah sind auch die Hinweise „Latein als zweite Fremdsprache" in den „Vorläufigen Richtlinien Latein" für die Sekundarstufe I des Landes Nordrhein–Westfalen (1978). Nicht voll im Einklang mit der ROMA–Konzeption befindet sich der folgende Aufsatz:

– Thomas Meyer: Überlegungen zur Konstruktion eines Lehrgangs für Latein als 2. Fremdsprache. In: MDAV 21(1978), 1–9

2. Schülerorientierung

Latein ist und bleibt eine anspruchsvolle Fremdsprache; kein Lehrbuch kann die in der Struktur der Sprache und der Texte enthaltenen Schwierigkeiten wegräumen. Um so wichtiger ist es, den Unterricht möglichst schülerfreundlich zu gestalten. ROMA B versucht dies durch eine Reihe von Prinzipien, von denen hier nur diejenigen angesprochen werden, die sich von anderen Unterrichtswerken mehr oder weniger unterscheiden.

2.1 Das bereits in A 3.3 angesprochene *Ordnungsprinzip* (in ROMA sowohl auf die sprachliche wie die inhaltliche Seite des Unterrichts bezogen) entspricht in höchstem Maße den Erkenntnissen moderner Lernpsychologie (vgl. vor allem Hans Aebli: Denken, das Ordnen des Tuns. 2 Bde. Stuttgart 1980/81). Kognitives Lernen besteht gleichsam im Weben eines Netzes von begrifflichen Beziehungen, die untereinander kohärent und hierarchisch aufgebaut sind (vgl. ebd. II 97 ff.).

Es muß einmal deutlich ausgesprochen werden: Die in manchen lateinischen Elementarbüchern bevorzugte frühe Textlektüre, die nicht einem grammatischen Ordnungsschema und manchmal auch nicht einmal einem inhaltlichen Zusammenhang folgt, ist lernpsychologisch sehr bedenklich. Lateinische Originaltexte kommen *primär* in der Lektürephase zu ihrem Recht, in der Phase des Sprachunterrichts „ist Ordnung schlechthin das didaktische Prinzip" (Maier LU, 72).

Das bedeutet, daß die Schüler im Sinne der kognitiven Lerntheorie ihre sprachlichen Strukturen *systematisch* aufbauen müssen. Aebli sagt dazu: „Es ist auch klar, daß die Leitvorstellung beim Aufbau derartiger Wissensnetze diejenige der *Kohärenz* sein muß ..." (in: Zwölf Grundformen des Lehrens, Stuttgart 1983, 261; i. O. k.) Durch einen weitgehend systematischen Aufbau möchte ROMA B dem Schüler eine „kognitive Landkarte" (Aebli ebd.) der lateinischen Sprache und der römischen Antike an die Hand geben.

2.2 Ordnung darf natürlich nicht zur Pedanterie entarten. Die fünf Bausteine (E, L, Ü, I und Z) von ROMA B bieten genügend Möglichkeiten *methodischer Variation*, so daß der Unterricht nicht stereotyp und damit langweilig wird, sondern abwechslungsreich gestaltet werden kann. Für Motivation ist reichlich gesorgt: durch die sprichwörtlich gute optische Ausstattung, durch kindertümliche, anregende Texte, durch bekräftigende Erfolgserlebnisse (frühes Originallatein in den Z—Stücken), durch das Gefühl der Sicherheit, da keinerlei unbekannte Formen oder Vokabeln vom Latein—Anfänger zu erraten sind usw.

2.3 Die Erfahrungen mit ROMA A haben gezeigt, daß eine scheinbare Äußerlichkeit in höchstem Maße schülerfreundlich ist: das *Doppelseitenprinzip*. Auf je einer leicht überschaubaren Doppelseite findet sich der ganze jeweilige Stoff beisammen (Einführung/Ergebnissicherung, Lesestück, Übungsmaterial, Informationen, zusätzliches Originallatein, thematisch abgestimmte Bebilderung usw.). Der Schüler hat stets den Überblick, weiß immer „wo man ist". Die einzelnen Lektionen schwanken nicht in ihrer Länge, verlangen also durchwegs einen annähernd gleichen Lernaufwand, wodurch wiederum Sicherheit gegenüber den Anforderungen eintritt. Vor allem:

Durch das Doppelseitenprinzip wird der Stoff in vernünftige Portionen aufgeteilt, die in einer überschaubaren Zeit zu bewältigen sind. Großlektionen, die mehrere Wochen Arbeit verlangen und unüberschaubar sind, finden sich in ROMA nicht. Das Doppelseitenprinzip wird in der B-Ausgabe von ROMA noch durch das *Doppelbandprinzip* ergänzt. Der sogenannte Arbeitsband enthält die Texte und Übungen und wird hauptsächlich im Unterricht benutzt, der sogenannte Lernband enthält Grammatik und Wortschatz und dient primär der Nacharbeit zu Hause. Die Bände können je nach Bedarf einzeln verwendet werden oder aber synoptisch nebeneinander eingesetzt werden.

3. Lernziel „Sprach– und Textreflexion"

Dem Lehrer, der mit der A–Ausgabe von ROMA vertraut ist, wird auffallen, daß in ROMA B die Sprach– und Textreflexion deutlich verstärkt worden ist. Die B–Ausgabe folgt damit einem generellen Trend der Didaktik des Lateinunterrichts (vgl. z. B. Willibald Heilmann: Sprachreflexion im Lateinunterricht. In: Höhn/Zink 108 ff.). Auf den ersten Blick fallen auf: die (dem Lehrer freigestellte) durchgängige Verwendung eines Satzmodells, die neugefaßten „Wege zur Übersetzung lateinischer Texte" (Bd. II), die Übersichten über Stilfiguren und Suffixe, das Modell der lateinischen Satzglieder. Auch in den Übungen sind zahlreiche Neuerungen im Detail zu finden, vor allem häufigere Aufgaben zur sogenannten Textgrammatik. Im Grammatikband sollen Synopsen, Graphiken und Tabellen den Aufbau einer „kognitiven Landkarte" unterstützen, mit deren Hilfe Reflexion erst möglich wird.

Ziel ist die Einführung in eine „Fundamentalsprache" (Klaus Westphalen a. a. O.). Latein soll als Modell für den Aufbau einer Sprache dienen. Es soll als „Muttersprache Europas" verdeutlicht werden, insbesondere auch durch Hinweise auf das Lehn– und Fremdwörtergut und durch kontrastive Sprachbetrachtung (vgl. Carl Vossen: Mutter Latein und ihre Töchter, 1968 u. ö.).

Die starke Betonung der Sprach– und Textreflexion hat allerdings das ROMA–Team vor nicht geringe Probleme gestellt. Nach unserer Auffassung müssen die vier Lernzielbereiche des Lateinunterrichts (vgl. A 1) im Gleichgewicht gehalten werden. Sprach– und Textreflexion im Lateinischen dürfen daher nicht zur Magd der Linguistik gemacht und in eine Rolle gezwängt werden, die jede andere Fremdsprache, vor allem aber die Muttersprache auch übernehmen kann. Insbesondere darf den Schülern nicht zugemutet werden, neben der an sich schon anspruchsvollen Fremdsprache Latein noch eine fremdartige Metasprache der Grammatik zu lernen. Infolgedessen hat sich ROMA B der altvertrauten Terminologie des Lateinunterrichts überall dort bedient, wo dies vertretbar erschien, und neue Begriffe nur sehr behutsam eingeführt, wo das aufgrund neuerer wissenschaftlicher Erkenntnisse unumgänglich erschien (z. B. nd–Formen).

4. Lernziel „Fähigkeit zur Lektüre lateinischer Literatur"

Selbstverständlich strebt das lateinische Unterrichtswerk ROMA B eine systematische Propädeutik für die Lektüre lateinischer Originaltexte an. Hierfür sind zwei Grundsatzentscheidungen gefällt worden, die sich im Aufbau des Werkes niedergeschlagen haben:

4.1 ROMA bereitet nicht auf e i n e bestimmte *Anfangslektüre* vor (wie beispielsweise Glücklich, Lateinunterricht, 1978, 146 f. Caesar empfiehlt), sondern berücksichtigt mehrere in der Praxis als Anfangslektüre denkbare Autoren, nämlich Nepos, die Komödie, Erasmus und natürlich auch Caesar.

4.2 ROMA beginnt mit „selbstgebauten" Kunsttexten, die dem Anfänger den Einstieg in eine Fremdsprache erleichtern sollen. Es wird somit dem Schüler der Schock erspart, gleich mit einem unüberwindbaren Originaltext mit rücksichtslos vielen Schwierigkeiten konfrontiert zu werden, einem Text, den er nur durch zahlreiche „Brücken" des Lehrers „übersetzen", nicht aber verstehen kann (vgl. hierzu Günter Wojaczek: Unterrichtswerke in den Alten Sprachen, in: Gruber/Maier (Hg.): Handbuch der Fachdidaktik I, 1979, 255). Dann allerdings steuert ROMA sehr entschieden auf die *Originallektüre* zu, zunächst durch die Z—Stücke, in denen zusätzliche Originaltexte fakultativ angeboten werden. Sie enthalten keinen neuen Stoff, die ungelernten Vokabeln sind am Rande angegeben, alle grammatischen Phänomene sind bekannt, der Inhalt steht im engen Zusammenhang mit dem L—Stück der Lektion. Selbstverständlich nähern sich auch die L—Stücke sehr bald antiken (auch griechischen!) Vorlagen an und sind besonders in Band II mit den Originalen sprachlich sehr eng verbunden, wenn auch nicht identisch. Insgesamt enthält also ROMA ein breites Spektrum von Kunsttexten über adaptierte Texte bis hin zu Originaltexten.

5. Lernziel „Gewinnung eines geordneten Bildes der Antike"

Auf die Absicht von ROMA B, den Schülern ein möglichst systematisches Bild der Antike zu vermitteln, wurde schon öfter hingewiesen. Sie rechtfertigt sich unter historischen Aspekten (Aufbau eines geschichtlichen Grundwissens von der Antike), unter dem Aspekt des Curriculum (Theodor Wilhelms Postulat der „Ordnung der Vorstellungswelt" als zentraler Aufgabe der Schule) und nicht zuletzt unter lernpsychologischen Aspekten (Aufbau eines Netzes kohärenter Strukturen nach Hans Aebli).

In der Praxis sieht dies so aus: Die Texte (L—Stücke) sind in *thematische Blöcke* gegliedert. Auf den Block „Römisches Leben", in dem zunächst eine Familie den identifikationsfähigen Hintergrund bildet (Kap. 1—24), folgt „Römische Kultur", in dem die Themen objektiviert sind (Kap. 25—47). Der Block „Antike Sagen und Fabeln", schon gelegentlich vorbereitet (Kap. 25; 48), entfaltet sich von Kap. 49 bis 70, geht dann allmählich in Geschichte über. Die griechische Geschichte, die heutzutage vom Lateinunterricht mit vertreten werden muß, wird relativ breit behandelt (Kap. 71 bis 78), dann folgt die römische Geschichte von den Etruskern als Übergang (79) bis in die Kaiserzeit (Kap. 102). Natürlich handelt es sich bei den ausgewählten Stücken nicht um Geschichte im streng historischen Sinn, sondern um exemplarische „Geschichten", die allerdings in chronologischer Reihenfolge geboten werden. Es obliegt dem Lehrer, historische Bezüge zu skizzieren und gegebenenfalls Querverbindungen zum Fach Geschichte zu ziehen. Danach folgt ein Block „Römisches Denken und Handeln", der sich von Kap. 103 bis 115 erstreckt; abgeschlossen wird Band II durch einige das Christentum betreffende Stücke und mit dem (lateinischen) Lob auf bedeutende Stätten der Vergangenheit, nicht zuletzt mit dem Lob auf Rom, mit dem ROMA ausklingt!

6. Zur inhaltlichen Gestaltung von ROMA

Trotz der systematischen Gliederung in nicht zu kurze, aber auch nicht zu lange Blöcke ist für Abwechslung gesorgt. Viele Lebensbereiche werden angesprochen: Alltag, soziale Fragen, Politik, Lebensbilder, Kulturleistungen, Sagengut, Religion, griechische Kultur usw. Ein „Springen" von Inhalt zu Inhalt, wie es in anderen Unterrichtswerken vielfach noch üblich ist, wird jedoch strikt vermieden.

Statt vieler Worte sei auf ein Beispiel verwiesen. In II 94 bis 96 wird das Thema „Staat und Recht" in einer zusammenhängenden Sequenz (die freilich nach hinten und vorne noch zu verlängern ist) behandelt; die Klasse mag sich damit etwa zwei Wochen beschäftigen. Der Lehrer findet hierfür so reichliches Material, daß er — wie immer in ROMA B — die Möglichkeit und *Notwendigkeit* der Auswahl hat. Kern der Sequenz sind die drei L—Stücke, die möglichst ganz gelesen werden sollten (notfalls lassen sich L 94 und 95 kürzen, indem Teile ganz übersprungen oder vom Lehrer vorübersetzt werden).

Inhaltlich haben sich die Verfasser bemüht, zunächst zwei L—Stücke mit anekdotischem Charakter zu bieten, an denen die Gestalt des Augustus, aber auch wichtige Grundsätze des römischen Rechts und der römischen Ethik dargestellt werden können. Durch 94 Z (ein Originaltext aus der Augustus—Vita des Sueton) kann der inhaltliche Strang noch verstärkt werden, wenngleich der zugrunde liegende grammatische Zusammenhang (Wortfeld Recht und Rechtsprechung; Genitivus criminis) dabei verlassen wird. L 96 bringt als Pendant zu den vorhergehenden Stücken nun die theoretische Betrachtung Ciceros unter der Überschrift „Vom Wesen des Staatsmannes". Der Text des Stückes ist an ‚de officiis' angelehnt, zusätzlich bietet 96 Z Ciceros Staatsdefinition aus ‚de republica' im Originaltext. Das Unterrichtsprinzip der Anschaulichkeit, das mehrere Lektionen lang dominiert, wird somit durch ein anspruchsvoll—abstraktes Stück unterbrochen, dann aber — dem Alter der Schüler entsprechend — wieder fortgesetzt (Kap. 97 ff.).

Von großer Bedeutung ist, daß die am Staatsmann Augustus dargestellte Thematik Staat und Recht nicht nur textlich geschlossen dargeboten wird, sondern in den Lektionen von allen Seiten flankiert wird. 94 I, das als Leseaufgabe gestellt werden sollte, informiert über den Magistratsbegriff, 95 I erläutert die Doppelseite 62 f., auf der die Ara pacis und die Statue des Augustus von Primaporta abgebildet sind. Insbesondere die Statue des Kaisers eignet sich zu einer „Bildbetrachtung" als Einstieg in eine Unterrichtsstunde.

96 I bringt eine bemerkenswerte Variation: den Eid, den westdeutsche Staatsmänner beim Amtsantritt zu schwören haben. Bei aller Verschiedenheit zwischen dem römischen Kaiser, wie er den Schülern schon optisch in der Statue auf S. 63 entgegentritt, und dem modernen Staatsmann zeigt sich im gemeinsamen Bekenntnis zum Gemeinwohl die Isomorphie, die uns mit den Wurzeln unserer Kultur verbindet.

Die innere Einheit der Sequenz zeigt sich ferner in zahlreichen Übungen, die semantisch, textpragmatisch und textgrammatisch um die Thematik Staat und Recht kreisen. Sie seien hier stichwortartig zusammengestellt, um die Vielfalt der Möglichkeiten zu zeigen, die sich dem Lehrer bieten:

> 94 Ü a: Wortfeld Recht/Gericht/Rechtsprechung
> Ü b: Verben des Gerichtsverfahrens in der Reihenfolge Anklage, Verhandlung, Urteil
> Ü f: inhaltliche Interpretation des L—Stückes
> 95 Ü f: inhaltliche Interpretation des L—Stückes
> 96 Ü f: textgrammatische Aufgabe zum L—Stück.

Schließlich sei noch darauf hingewiesen, daß die fakultativen E—Stücke locker mit dem Themenkreis verknüpft sind, jedoch weder die inhaltliche Kenntnis der L—Stücke zwingend voraussetzen noch ihrerseits für den Zusammenhang unverzichtbar wären.

Fassen wir das Beispiel zusammen:

— Methodisch bietet es eine große Vielfalt von Möglichkeiten sowohl der Auswahl wie der Reihenfolge der unterrichtlichen Behandlung.

— Didaktisch wird es gekennzeichnet durch die Geschlossenheit der Thematik. Ein „großer Gegenstand", nämlich Staat und Recht, wird am Beispiel einer bedeutenden Persönlichkeit der Geschichte illustriert und durch ein Theoriestück systematisiert.

— Gegen das Gewicht der Texte vermag der grammatische Stoff (vor allem: Funktionen des Genitivs und Dativs) kaum zu bestehen. Die Vorbereitung einer Lektion, die von dem Prinzip der Multivalenz des Lateinunterrichts beherrscht wird, ist primäres Ziel der Sequenz, ohne daß der sprachliche Fortschritt vernachlässigt würde.

12

7. Der Grammatik–Stoff

Gegenüber der A–Ausgabe bringt ROMA B im Bereich der Grammatik eine Reihe von tiefgreifenden Neuerungen, ohne im ganzen den eher konservativen Grundcharakter zu verleugnen. Sie seien hier kurz vorgestellt:

– Der Umfang des grammatischen Materials aus Formenlehre und Syntax wurde wesentlich gestrafft und verkürzt, so daß die einschneidende Reduktion der vier Bände auf zwei möglich wurde. Die „Statistische Untersuchung zur lateinischen Syntax" von Friedrich Maier (LU, 267 ff.) sowie eigene Untersuchungen zur Formenlehre waren dabei von großem Nutzen.

– Die Dominanz der Formenlehre wurde zugunsten eines weitgehenden Parallelismus von Formenlehre, Syntax und Semantik in den einzelnen Lektionen aufgegeben.

– Die Ergebnisse der modernen Linguistik wurden sorgfältig auf ihre didaktische Relevanz geprüft und nur dann behutsam aufgenommen, wenn sie für die Praxis hilfreich erschien. Begriffe wie Valenz, Füllung und Funktion werden demzufolge in den Übungen verwendet, jedoch keineswegs überschätzt und überstrapaziert.

– Die satzübergreifende sogenannte Textgrammatik wurde weitgehend vor allem in den Übungen berücksichtigt.

– Durchgehend wird die Dependenzgrammatik durch ein Satzmodell, das fakultativ angewendet werden kann, veranschaulicht.

– Auch der 2. Band wird synchron von einer Begleitgrammatik unterstützt, so daß der Schüler keine Schwierigkeiten hat, den jeweiligen Lernstoff portionsweise durchzuarbeiten. Für jene Klassen, in denen bereits frühzeitig auf ein eher selbständiges Lernen hingearbeitet wird, ist eine Systemgrammatik in Vorbereitung.

8. Wortschatz

Die neuen Vokabeln sind in angemessenen, durchaus zu bewältigenden Portionen auf die einzelnen Lektionen verteilt; die Zahl 25 pro Lektion wird selten überschritten. Dabei wird nach reiflicher Überlegung eine Reihenfolge des Lernwortschatzes nach Wortarten (Substantiv, Adjektiv, Verbum, „kleine Wörter") bevorzugt, da diese sinnvolle Reihung eher eingeprägt werden kann als eine zufällige Anordnung nach dem Erscheinen in einem Lesestück.

Der Wortschatz bringt prinzipiell nur wirkliche „Lernwörter", deren Wichtigkeit selbstverständlich durch statistische Untersuchungen nachgewiesen ist, die Josef Lindauer an lateinischen Schulschriftstellern durchgeführt hat. Nur ad hoc zu gebrauchende Wörter, die in einem dem Originaltext angeglichenen Lesestück unvermeidlich sind, werden in Fußnoten angegeben.

Das Prinzip der immanenten Wiederholung des Wortschatzes ist sorgfältig durchdacht und findet nachweislich immer wieder Anwendung; z. B. kommen 70 % des Wortschatzes von Band I öfter als fünfmal in den Texten und Übungen des Bandes vor. Es wird somit alles getan, um das Langzeitgedächtnis der Schüler zu schulen, hingegen erscheint das Einprägen „kleingedruckter" Wörter nur für die Verwendung in *einer* Lektion überflüssig. Übrigens sind die Vokabeln aus ROMA B I im Wörterverzeichnis von B II wieder aufgenommen; für Schüler, die eine systematische Wiederholung vorhaben, erscheint ein zusammengefaßtes Vokabular.

9. Informationstexte

Die in I enthaltenen Sachinformationen, die zu den meisten L—Stücken inhaltliche Ergänzungen liefern, dienen der Realienkunde bzw. der sog. Textgrammatik (vgl. Glücklich, LU, 20 ff.). Sie runden das Lesestück ab und stellen den Inhalt in ein System. „Nur wenn das umfangreiche Wissen, das zu erarbeiten ist, in einer klaren und stabilen Struktur, in einem Rahmenkonzept einen festen Ankergrund erhält, wird es gegen das Vergessen abgesichert; der jeweils neu zu erlernende Inhalt bleibt nicht als ‚erratischer Block' im Bewußtsein des Lernenden liegen" (Maier, LU, 73 im Zusammenhang mit Ausubels expositorischem Lehrverfahren).

Um dem in Nr. 5 beschriebenen Lernziel von ROMA B, „Gewinnung eines geordneten Bildes der Antike", optimal zu entsprechen, sollte also auf den Einbezug von Informationstexten in den Unterricht nicht verzichtet werden. Wie kann dies methodisch geschehen?

Der Informationstext kann und sollte in die Hausaufgabe einbezogen werden, und zwar als sogenannte vorbereitende und nachbereitende Hausaufgabe. Im ersteren Fall gilt der Text als advance organizer im Sinne Ausubels (vgl. Maier, LU, 79), d. h. es wird dem Schüler im vorhinein ein Ordnungsrahmen gegeben, in den der neue Lerninhalt eingefügt werden kann (Aufbau einer kognitiven Struktur). Im Falle der nachbereitenden Hausaufgabe dient der Informationstext der Zusammenfassung, Systematisierung und Festigung des Gelernten. Gelegentlich mag auch einmal ein Informationstext im Unterricht gelesen und besprochen werden. Bei einer Bildbetrachtung des Augustus von Primaporta (z. B. zu L 94/95 auf S. 63 in ROMA B II) können die Schüler sich zuerst selbst um Erkennen der Reliefs auf dem Panzer bemühen, danach wird der erläuternde Text auf S. 61 gelesen.

„So sehr auch versucht wurde, die Texte sprachlich auf das Fassungsvermögen der Schüler abzustimmen, so wenig lassen sich den jugendlichen Lesern alle Schwierigkeiten aus dem Weg räumen. Sie sollten daher angehalten werden, Unverstandenes zu Hause zu notieren und in der Schule zur Sprache zu bringen."

„Die Erweiterung des Blickfeldes auf die Sachen hin wird hier nicht deshalb vertreten, weil eine größere Motivation oder Attraktion entstünde, sondern

14

weil der Sachhorizont ein wesentlicher Bestandteil des Sprachunterrichts ist". Dieses Prinzip, das Peter Wülfing in seinem grundlegenden Aufsatz „Altertumskunde – die Welt der Römer im Lateinunterricht" (in: Höhn/Zink, 300 ff., Zt. 325) ausführlich begründet hat, wird also in ROMA B neben den L–Stükken vor allem durch die Informationstexte erfüllt.

10. Motivation

„Die Krise des Lateinunterrichts beruht nicht auf dem Effektivitätsproblem, sondern auf dem Motivationsproblem!" Dieser häufig zitierte Satz des Verfassers (AU 5/1971, 9) hat nicht nur die Motivationsforschung in der altsprachlichen Didaktik angeregt, sondern natürlich auch auf die Gestaltung von ROMA – schon in der A–Ausgabe – eingewirkt. Das in meinem damaligen Grundsatzartikel skizzierte Programm („10 Vorschläge für ein modernes Lateinbuch", a. a. O. 18) ist auch in ROMA B verwirklicht, wenn nicht gar übertroffen worden. Im folgenden sind die zehn Punkte wiedergegeben, einesteils um zu demonstrieren, wie Forderungen von damals zur Wirklichkeit von heute geworden sind, also einen pädagogischen Fortschritt gebracht haben, andererseits um den Benutzer von ROMA B auf Motivationshilfen und –möglichkeiten hinzuweisen:

„1. Eine dem Englischbuch äußerlich gleichwertige Motivation
  2. Interessante, zusammenhängende Texte ...
  3. Ergänzung durch modernste methodische Mittel und Medien ...
     (Nachtrag 1986: Für ROMA A wurde das erste lehrbuchbezogene Computer–Lernprogramm „Wortschatz–Trainer" entwickelt)
  4. Sinnvolle Bebilderung: weniger Römerköpfe, sondern das Sachinteresse ansprechende Abbildungen, Skizzen, Modelle
  5. Deutsche Zwischentexte zur Kulturkunde und Auflockerung
  6. Eine abwechslungsreiche Kapiteldisposition
  7. Auflösung des Lehrbuchschemas durch getrenntes Vokabular, Begleitgrammatik, Übungshefte ...
  8. Ein durch Statistik abgesichertes Vokabular, um Frustrationen der Schüler zu vermeiden
  9. Eine dem Begriff Sprachreflexion entsprechende Grammatikbehandlung und Stilistik
 10. Im Vordergrund steht ‚die römische Kultur und ihr Beitrag zur Formung Europas‘; das griechische Erbe muß – leider – am Rande bleiben."

Wer mit ROMA B arbeitet, wird unschwer erfahren, daß die damaligen Forderungen fast gänzlich verwirklicht wurden. Wo sich Abweichungen ergeben, wie z. B. bei der Vermittlung des griechischen Erbes, sind diese aus guten Gründen erfolgt. Darüber hinaus finden sich weit mehr Motivierungshilfen, als seinerzeit vorauszusehen: die Geschlossenheit der Lektionen, die Überschaubarkeit und damit besondere Lernbarkeit der Kapitel, die Erfolgserlebnisse durch Originallektüre in den Z—Stücken, die aktuellen Bezüge (z. B. Eidesformel der Bundespolitiker im Zusammenhang mit dem römischen Gemeinwohl—Gedanken), Karikaturen und humoristische Einlagen („Ridere licet") usw.

Durch die Fülle der Motivierungsmöglichkeiten wird die Lösung eines Problems zumindest erleichtert: das Eingehen auf die verschiedenen Lebensalter der Schüler in Latein als erster oder zweiter Fremdsprache. „Der Ansatz der Motivation ist ... stark abhängig von den *entwicklungspsychologischen Voraussetzungen* bei den 10—20jährigen". Dieser Behauptung von Richard Willer kann nicht widersprochen werden, um so wertvoller ist die Lektüre seines Aufsatzes „Motivation im Unterricht am Beispiel Latein" (in: Gruber/Maier, 54 ff., Zt. 56), in dem mehrmals auf unterschiedliche Motivierungsansätze bei den 10— bis 20jährigen und bei den Schülern der Mittelstufe aufmerksam gemacht wird (vor allem 56, 58 f. und 62 f.).

Abschließend mag auf Heft 5/1979 des AU hingewiesen werden, das dem Thema Motivation im Lateinunterricht gewidmet ist, insbesondere auf den darin enthaltenen Aufsatz von Jens G. Hansen mit 12 wertvollen „Handlungsempfehlungen" auf S. 17. Um allerdings übertriebene Hoffnungen, die auf die Motivation gesetzt werden, zu dämpfen, — Latein ist eben kein leichtes Fach und ROMA stellt gewisse Ansprüche — sei aus Hansens Artikel ein erfrischend ehrlicher Satz zitiert: „Es kann nicht darum gehen, daß der Lateinlehrer jeden Tag ein neues Kaninchen aus dem Hut zaubert" (a. a. O. 15 f.).

11. Methodik

Das Thema Methodik wird im Lehrerhandbuch ausführlich behandelt; hier seien lediglich einige Unterstreichungen vorgenommen. Es geht vor allem um die zwei kontroversen Grundmodelle des darstellenden (expositorischen) Lehrverfahrens, das der amerikanische Lerntheoretiker David P. Ausubel vertritt, und des entdecken—lassenden Lehrverfahrens, das von dem Amerikaner Jerome S. Bruner favorisiert wird. Im Lateinunterricht haben sie sich in zwei verschiedenen Lehrbuch—Konzepten niedergeschlagen:

— Das expositorische Lehrverfahren findet sich in den meisten Lehrbüchern für Latein 1 und Latein 2, in denen die lateinische Sprache in einer hierarchischen Anordnung systematisch vermittelt wird. Die Grammatik spielt hier eine bedeutende Rolle und beeinflußt die Textgestaltung.

— Das entdecken—lassende Lehrverfahren findet sich vor allem in Lehrbüchern für Latein 3, aber auch schon in einem Elementarbuch. Hier wird von Anfang an der Originaltext „decodiert"; Textverstehen und Texterschließung spielen die Hauptrolle, Grammatik ist sekundär.

ROMA B bietet mit dem Zweigespann von E (Einführung bzw. Ergebnissicherung) und L (zusammenhängendes Lesestück) eine ideale Möglichkeit, die beiden Lehrverfahren flexibel und variantenreich einzusetzen. Durch die soge-

nannten Organisatoren (advance organizers) in E wird das kognitive Netz struk-
turiert, also expositorisch unterrichtet; am L—Stück hingegen kann der Schüler
Entdeckungen machen, insbesondere das sprachliche Phänomen aus dem Kontext erschließen. Diese „Entdeckungen" haben einen hohen instrumentalen
Wert: Der Schüler lernt beizeiten das Entschlüsseln unbekannter Zusammenhänge. Freilich muß eingestanden werden, daß dieser methodischen Variations-
breite eine didaktische Grundentscheidung im vorhinein untergeschoben wurde:
Das ROMA—Team hat sich, wie schon häufig betont, für eine *systematische*
Vermittlung der lateinischen Sprache entschieden und damit dem expositorischen Verfahren Priorität eingeräumt (im Anschluß an Maier, LU 91).

Für die Praxis ist hierbei folgender Aufsatz von Helmut Vester von großem
Wert: Grammatikeinführung — an Einzelsätzen oder an Texten? In: Anregung
1984, 375 ff.

12. Artikulation (Stundengliederung)

Für mögliche Stundengliederungen werden im Lehrerhandbuch drei Modelle
vorgelegt, unter ausdrücklichem Hinweis darauf, daß sie keinen Ausschließlich-
keitscharakter tragen. In der Tat ist schon aus Motivationsgründen auf eine vernünftige Balance zwischen den Prinzipien der größtmöglichen Variation und
der größtmöglichen Konstanz zu achten. Mit anderen Worten: Wir befürwor-
ten ein Grundschema zur Erarbeitung der Lektionen, das durch einen „norma-
len" Stundenablauf dem Schüler Sicherheit einflößt, das aber alle paar Lektionen variiert wird und damit neues Interesse zu wecken vermag.

Neben den auf ROMA bezogenen Ausführungen im Lehrerhandbuch sei noch auf
den Abschnitt „Elemente einer Grammatikstunde und ihre mögliche Kombi-
nation" in H. J. Glücklich, LU, 120—129, aufmerksam gemacht, in dem das
Spektrum der Möglichkeiten systematisch abgehandelt wird. Es genügt, noch
vor einigen Gefahren und möglichen Fehlerquellen bei der Benutzung von
ROMA B zu warnen:

— Der häufigste Fehler dürfte das Bestreben des Lehrers sein, grundsätzlich alle vier bis
 fünf Elemente der Lektion im Unterricht durchzunehmen. Es kann nicht deutlich ge-
 nug betont werden, daß allein das L—Stück der Kern der Lektion ist und in der Regel
 alle neuen Vokabeln und Grammatikphänomene enthält. E, Z, Ü und I gruppieren sich
 um L und müssen je nach zur Verfügung stehender Zeit flexibel verwendet werden.

— Falsch wäre es, die Hausaufgabe grundsätzlich nur aus Ü zu wählen. Insbesondere das
 Lernziel. lateinische Texte übersetzen zu können, käme zu kurz, wenn nicht immer
 wieder Übersetzungsaufgaben aus L und Z, gelegentlich auch aus E gestellt würden, sei
 es zur Wiederholung nach der mündlichen Durchnahme im Unterricht oder zur selbstän-
 digen Übung („entdeckendes Lernen") vor der Besprechung in der Klasse.

— Vor einer prinzipiellen Ausklammerung der Informationstexte (I) aus dem Stundensche-
 ma muß gewarnt und auf den obigen Abschnitt Nr. 9 verwiesen werden.

13. Medien

Lateinunterricht findet üblicherweise auf dem akustischen Kanal statt. Damit aber die „didaktische Repräsentation" nicht einseitig wird, versucht ROMA B durch reichlichen Einsatz optischer Mittel gegenzusteuern. In den Bänden „Texte und Übungen" finden sich Fotografien, Zeichnungen, Karikaturen, Modelle, Graphiken und Karten, in den Bänden „Grammatik und Wortschatz" Satzmodelle, Graphiken und farbige Unterlegungen.

Die „Funktion der Veranschaulichungsmittel im lateinischen Sprachunterricht" hat Friedrich Maier deutlich gemacht (LU, 56−71). Im Anschluß an Jerome Bruners Lehre von den Repräsentationsformen wendet er sich auch der „Ikonisierung" im Lateinunterricht zu (61 ff.) und klärt die Verwendung optischer Mittel folgendermaßen: „Die veranschaulichenden Mittel des Sprachunterrichts erfüllen ihre Leistungen in zwei Dimensionen; sie veranschaulichen das in der Sprache Ausgedrückte, den Inhalt, oder das die Sprache Prägende, die Form und Struktur" (a. a. O. 61). Beide Funktionen werden in ROMA B aufgenommen.

Demgegenüber finden sich in der Literatur kaum Rezepte, wie die Veranschaulichungsmittel des Lehrbuchs methodisch einzusetzen seien (vgl. Eberhard Hermes, AU 1/1979, 18 ff.). Auch wenn ROMA B optische Mittel ausschließlich in engem Bezug zum Inhalt der Lektion einsetzt, verfügen wir noch über geringe Erfahrungen, wie diese Mittel in der Unterrichtspraxis benutzt werden können. (Vorschläge werden in einigen Fällen an konkreten Beispielen im Lehrerhandbuch zu ROMA B gegeben werden.) Generell kann man von den zwei Funktionen ausgehen, die Maier (s. o.) herausgestellt hat. Dort, wo der *Inhalt* des Stückes durch „ikonische Repräsentation" (Bruner) veranschaulicht wird, sollte diese Veranschaulichung hin und wieder versprachlicht werden (vgl. z. B. 19 I mit dem Hinweis „Benenne die Kleidungsstücke der abgebildeten Personen"); gelegentlich mögen die Schüler auch Spaß an einer eigenen Reproduktion finden (z. B. Abmalen des Labyrinths in Bd. I, 60). Dort, wo die *sprachliche Struktur* veranschaulicht wird, z. B. im Satzmodell, ist die häufige Einübung, sei es im Unterricht oder als Hausaufgabe, von erheblichem Nutzen.

14. Übungen

Es hat wenig Sinn, die Vielfalt der in ROMA B angebotenen Übungen durch eine Übersicht zu verdeutlichen; der Benutzer des Werkes wird sie selbst entdecken. Da aber die Gefahr besteht, daß sich der Lehrer entweder bemüht, a l l e Übungen durchzunehmen (was keineswegs im Sinne der Autoren und schlechthin katastrophal wäre!), oder sich auf einige ihm besonders liegende Übungsarten „einschießt", seien die dem ROMA−Team vorschwebenden Grundsätze hier genannt:

− Die Übungen eignen sich in der Regel gut für Hausaufgaben, sind aber auch im Unterricht verwendbar. Zum Beispiel können gelegentlich die zur Übersetzung angebotenen

Einzelsätze in den Stundenverlauf eingeschoben werden; Fragen zur Textgrammatik und zur Interpretation eignen sich zu einer Besprechung in der Klasse usw.

- Im Regelfall dienen die Übungen zur Festigung der sprachlichen und inhaltlichen Aspekte der Lektion und zur Wiederholung. Die Frage, welche Arten von Übungen jeweils auszuwählen sind, kann nur der Lehrer im Blick auf s e i n e Klasse beantworten. Im übrigen gilt der Satz: Variatio delectat.

- Bei großer Zeitnot mag auch einmal in Ausnahmefällen ein L–Stück übersprungen und durch eine entsprechende Übung ersetzt werden. Zum Beispiel kann der Gen. part. in Kap. 93 an den Einzelsätzen in Ü a verdeutlicht werden; der Zeitbedarf für die Grammatikeinheit schmilzt auf ein Minimum zusammen.

- Eine Vorentscheidung muß der Lehrer treffen, ob er in Bd. II mit seiner Klasse den Kurs in Wortbildungslehre machen will oder nicht. Die Übersicht auf S. 126–128 zeigt, welchen Gewinn die Schüler davon haben werden, wenn sie regelmäßig die entsprechenden Übungen zu lösen haben. Insbesondere für Latein als erste Fremdsprache ist die Teilnahme am „Kurs" sehr zu empfehlen.

5. Sprachvergleich

Der Lateinunterricht unterscheidet sich vom Unterricht in den modernen Fremdsprachen nicht zuletzt dadurch, daß die lateinischen Texte in die Muttersprache *übersetzt* werden. „Übersetzen ist das zentrale fachspezifische Verfahren der Auseinandersetzung mit lat. Texten im Lateinunterricht." (Frings/ Keulen/Nickel: Lexikon, 273; vgl. R. Nickel: Altsprachlicher Unterricht 1973, 96 ff. und 119 ff.) Um dieses Ziel zu erreichen, stehen den Schülern mehrere Wege (Methoden) zur Verfügung. Damit diese so früh wie möglich auch systematisch eingeübt werden, stellt ROMA B eine kleine Übersetzungsschule zur Verfügung. Sie ist unter dem Titel „Wege zur Übersetzung lateinischer Texte" im Bd. II der Texte und Übungen enthalten, auf den Seiten 118 bis 123. In bestimmten L–Stücken wird darauf hingewiesen, daß aus ihnen die Beispiele der Übersetzungsschule entnommen sind (z. B. 74); spätestens an dieser Stelle sollte dann die betreffende Methode vom Lehrer besprochen werden. Es wird jedoch empfohlen, die in der Übersetzungsschule enthaltenen fünf Methoden bereits früher bekanntzumachen und in der Praxis einzuüben, womöglich sogar schon in Bd. I.

Auch wenn die sog. Hinübersetzung aus dem Deutschen ins Lateinische aus den Lehrplänen der meisten Bundesländer unwiederbringlich verschwunden ist, enthält der erste Band der Texte und Übungen von ROMA B noch einen Anhang: deutsch–lateinische Übersetzungsübungen. Zu jedem Kapitel werden je fünf leichte Einzelsätze angeboten. Bei aller Skepsis gegenüber der Erreichbarkeit der hierin enthaltenen Lernziele glaubten die Herausgeber, den dringenden Wunsch nicht weniger Lateinlehrer aufgreifen zu müssen, wenigstens fakultativ über derartiges Übungsmaterial verfügen zu können. – Dem Vergleich zwischen dem Lateinischen und dem Deutschen dienen zahlreiche Übungen, insbesondere solche, die dem Erklären von Fremdwörtern dienen (z. B. 13 Ü c) oder solche, die Besonderheiten und Unterschiede in der Ausdrucksweise beider Sprachen gegenüberstellen (z. B. 14 Ü a, 16 Ü a, 17 Ü e).

Auf die modernen Fremdsprachen wird in der Absicht eingegangen, dem Schüler zu zeigen, daß Latein eine „Muttersprache" vieler europäischer Sprachen ist. Kap. 1 ist hauptsächlich diesem Thema gewidmet. Darüber hinaus finden sich gelegentlich Übungen, die das Weiterleben des Lateinischen in neueren Fremdsprachen dokumentieren, so z. B. 13 Ü g („Du kennst sogar schon viele italienische und spanische Wörter ..."").

Eine Begründung ist dafür erforderlich, daß ROMA B im Wortschatz nicht die aus manchen anderen Lehrbüchern bekannten Hinweise auf etymologisch verwandte englische und französische Vokabeln enthält. Die französische Sprache zum Vergleich heranzuziehen erscheint unsinnig, da unsere Lateinschüler, ganz gleich, ob sie mit der Alten Sprache als 1. oder 2. Fremdsprache angefangen haben, in aller Regel kein Französisch lesen, geschweige denn verstehen können.

Nicht nur die Tatsache, daß ROMA B sowohl für die 1. wie die 2. Fremdsprache geeignet ist, legte es nahe, auf das Einfügen englischer Vokabeln in den lateinischen Wortschatz zu verzichten. Bei der Fülle der auf dem Markt befindlichen Englisch–Lehrbücher ist eine Abstimmung auf einen einheitlichen Englisch–Wortschatz nicht möglich; folglich würden abgedruckte Englisch–Vokabeln, die der Schüler in seinem Englisch–Buch noch nicht gelernt hat, eher verwirren als erhellen. Hinzu kommt, daß nicht selten sich semantische Verschiebungen ergeben haben, die zu Mißverständnissen führen können (z. B. cessare zögern, rasten; to cease aufhören, enden; officium Pflicht; office Büro). Lehrer, die trotz dieser Bedenken gerne Querverbindungen zwischen Latein und Englisch herstellen wollen, seien auf die im Anhang zum Lehrerhandbuch abgedruckten Texte verwiesen (Auszug aus den Richtlinien Nordrhein-Westfalen; Auszug aus Glücklich, LU), ferner auf den Abschnitt „Weiterleben lateinischer Wörter" aus Josef Lindauers Lateinischer Wortkunde, S. 147–182, die in der Verlagsgemeinschaft C.C. Buchner/Lindauer/Oldenbourg erschienen ist. Selbstverständlich ist auch der mühevolle Weg sehr anerkennenswert, das am jeweiligen Gymnasium eingeführte Englisch–Lehrbuch individuell für den lateinischen Wortschatz „auszubeuten".

16. Lernerfolgskontrolle/Leistungsmessung

Das umfängliche und hochkomplexe Thema Lernerfolgskontrolle kann hier nur eben angerissen werden; zur ersten Übersicht seien empfohlen:

– Frings/Keulen/Nickel: Lexikon zum Lateinunterricht, Art. Lernerfolgsüberprüfung, 171 ff.

– F. Maier: Lernzielkontrolle und Leistungserhebung. In: LU 1979, 233 ff.

– Ulrich Tipp: Leistungserhebung und Leistungsbewertung. In: Gruber/Maier: Hdb. 1979, 122 ff.

Im Zusammenhang mit ROMA B sei nur an das allgemein akzeptierte Prinzip erinnert, daß die Lernerfolgskontrolle die ganze Breite der Lernziele des Lateinunterrichts abdecken sollte. Dies bedeutet, daß Klassenarbeiten (Schulaufgaben) zu ROMA B – in Übereinstimmung mit den jeweiligen Lehrplänen – nicht nur Übersetzungsaufgaben enthalten dürften, sondern die oben unter Nr. 3 bis 5 postulierten Lernziele voll und ganz berücksichtigen sollten. Mit anderen Worten: Eine schriftliche Arbeit zu ROMA B sollte so bald wie möglich neben dem Übersetzungstext, der wohl immer das Zentrum bildet, auch zusätzliche Aufgaben nach dem Muster der Übungen enthalten, durch die insbesondere auch die Aneignung der Inhalte und der Aufbau eines geordneten Bildes der Antike abgeprüft werden.

17. Zeitaufwand; Kürzungsmöglichkeiten

Der Zeitaufwand für die Durcharbeitung von ROMA B, Bd. I und II, hängt von den verschiedensten Bedingungen ab, vor allem davon, ob es in Latein als 1. oder 2. Fremdsprache eingesetzt wird, wie viele Wochenstunden im jeweiligen Bundesland zur Verfügung stehen, wie leistungsfähig die Klasse ist, welche didaktischen und methodischen Grundvorstellungen und welche pädagogisch–fachliche Kompetenz der einzelne Lehrer hat.

Trotz dieser mannigfaltigen, entscheidenden Faktoren werden im Lehrerhandbuch ganz konkrete Angaben zum Zeitbudget gegeben, für jede einzelne Lektion findet sich ein Programmvorschlag.

An dieser Stelle sollen die verstreuten Hinweise zur Zeitökonomie summarisch zusammengefaßt werden:

– ROMA B ist bei Einsatz in L 2 auf etwa drei bis dreieinhalb Jahre konzipiert, bei Einsatz in L 1 auf etwa vier Jahre. Bei L 2 wird man durchschnittlich pro Lektion drei bis vier Stunden rechnen, bei L 1 vier bis fünf Stunden, wobei selbstverständlich die Anfangskapitel bedächtiger, die Endkapitel zügiger durchgenommen werden können.

– Bezogen auf L 2, bringt der Lehrplan Nordrhein–Westfalen Vorschläge zur „Ökonomie der Stoffauswahl" und zur „Ökonomie der Methode", die Beachtung verdienen. Auf ROMA B übertragen heißt dies vor allem beispielsweise Reduzierung der Sprachreflexion (durch strikte Beschränkung der Übungen), Reduzierung von Stoffen (z. B. bei der Kasuistik der Kasuslehre), vermehrter Einsatz deduktiver Verfahren (durch Benutzung der E–Stücke).

– Auf die Möglichkeit, in Einzelfällen sogar die Behandlung eines L–Stückes durch Übungen zu ersetzen, wurde unter Nr. 14 hingewiesen. Eine andere Möglichkeit ist, die Lektüre eines L–Stückes durch starke Führung durch den Lehrer oder sogar durch Vorübersetzen kurzer Abschnitte zu beschleunigen.

– Der *Beginn der Originallektüre* ist in ROMA B II bereits nach der Behandlung der nd–Formen (d. h. nach Kap. 106) möglich. Die Lesestücke, vor allem des zweiten Bandes, sind so stark an Originaltexte angeglichen, daß der Übergang zur Lektürephase ohne starke Brüche vonstatten geht.

ROMA B

Unterrichtswerk für Latein
Ausgabe B in zwei Bänden
Herausgegeben von Josef Lindauer und Klaus Westphalen
unter beratender Mitarbeit von
Heinrich Krefeld, Helmut Vester und Walter Vogt

ROMA B I genehmigt in BW, Bln, HB, Hs, Ns, NRW, Rh–Pf;
ROMA B II genehmigt in BW, Hs, Ns, NRW, Rh–Pf.

	Bestellnummern		
	Buchner	Lindauer	Oldenbourg
Texte und Übungen I			
Von Reinhold Ernstberger und Hans Ramersdorfer. 159 Seiten, DM 18,40	5571	571	86371
Grammatik und Wortschatz I			
Von Reinhold Ernstberger und Hans Ramersdorfer. 144 Seiten, DM 15,40	5581	581	86381
Roma Expreß B I			
Erscheint im Herbst 1986	5573	573	86411
Texte und Übungen II			
Von Gerhard Hertel und Günter Wojaczek 128 Seiten, DM 16,20	5572	572	86391
Grammatik und Wortschatz II			
Von Gerhard Hertel und Günter Wojaczek 152 Seiten, DM 15,40	5582	582	86401
Wortschatzheft zu ROMA B I und II	5578	578	88480
Das Lehrerhandbuch zu ROMA B wird aus drei Teilen bestehen:			
Didaktischer Leitfaden	5575	575	88481
Lektionenbegleiter I	5576	576	86431
Lektionenbegleiter II	5577	577	86441

Eine mit dem Unterrichtswerk kompatible
systematische Grammatik befindet sich
in Vorbereitung.

IMPERIUM ROMANUM

AETATE IMPERATORIS TRAIANI

DI
ona
ntum

NONIA

ILLYRICUM

DALMATIA

RIATICUM

Brundisium

GRAECIA

Delphi

ssana
acusae

Corinthus

Sparta

DACIA

Danuvius

MOESIA

THRACIA

MACEDONIA

MARE

Athenae

AEGAEUM

Cnossus

CRETA

Cyrene

SCYTHAE

SCYTHAE

PONTUS EUXINUS

Caucasus

BITHYNIA

PARTHI

ASIA

PHRYGIA

Byzantium

Troia

Pergamon

LYDIA

Ephesus

Miletus

RHODUS

CYPRUS

Tarsus

SYRIA

Seleucia

Berytos

Tyrus

MESOPOTAMIA

IUDAEA

Hierosolyma

Alexandria

ARABIA

AEGYPTUS

ROMA

B II **Texte und Übungen**

von Gerhard Hertel

und Günter Wojaczek

C. C. BUCHNERS VERLAG · BAMBERG

J. LINDAUER VERLAG (SCHAEFER) · MÜNCHEN

R. OLDENBOURG VERLAG · MÜNCHEN

ROMA
Unterrichtswerk für Latein
Ausgabe B in zwei Bänden

Herausgegeben von OStD Josef Lindauer, München,
und Prof. Dr. Klaus Westphalen, Kiel,

unter beratender Mitarbeit von Prof. Dr. Heinrich Krefeld, Rheine, Prof. Dr. Helmut
Vester, Birkenfeld, und OStD Walter Vogt, Mainz.

ROMA B II wurde verfaßt von Dr. Gerhard Hertel und Dr. Günter Wojaczek, Bamberg.

Es besteht aus den Teilen „Texte und Übungen" und „Grammatik und Wortschatz".

Die Zeichnungen auf den Seiten 37 und 69 wurden von Wilhelm Götz-Knothe, Berlin,
geschaffen.

Abbildungen: Graph. Sammlung Albertina, Wien; Alinari, Florenz (3); Cinema Internat.,
Frankfurt; Photographie Giraudon, Paris; Hirmer Fotoarchiv, München (2); Holle Bild-
archiv, Baden-Baden (2); Alfred H. Kettmann, Bamberg (5); Gerhard Klammet, Ohlstadt
(3); Josef Lindauer, München; Leonhard von Matt, Buochs; Photo Jean Mazenod, „L'art
de l'ancienne Rome", Editions d'Art Lucien Mazenod – Editio, Paris (3); SCALA, Antella
(6); Franz A. Schüß, Bischberg; Staatl. Antikensammlungen und Glyptothek, München;
Verkehrsamt, Trier; Verlagsarchiv (13); Dr. Günter Wojaczek, Litzendorf (2); Württem-
bergisches Landesmuseum, Stuttgart.

1. Auflage 1[54321]   1989 88 87 86 85
Die letzte Zahl bedeutet das Jahr dieses Druckes.

C. C. Buchners Verlag   ISBN 3 7661 **5572** 5
J. Lindauer Verlag   ISBN 3 87488 **572** 0
R. Oldenbourg Verlag   ISBN 3 **486 86391** 6

Einband: Karl-Heinz Bauer, Bamberg
Gesamtherstellung: Graphischer Großbetrieb Friedrich Pustet, Regensburg

Inhalt

_____

1) Die Abkürzungen entsprechen denen des Lexikons der Alten Welt, Zürich und Stuttgart 1965, Sp. 3439 ff.

3

Texte und Übungen			Grammatik und Wortschatz

5

Texte und Übungen			Grammatik und Wortschatz

Vorwort für den Lehrer

ROMA B II setzt mit den Lektionen 71–120 den Band I fort. Für die Konzeption des zweiten Bandes gilt das, was für das Gesamtwerk im Vorwort zu Band I gesagt wurde. ROMA B II orientiert sich im Grammatikstoff und in den Inhalten der Lektionen an den Bänden III und IV der Ausgabe A. Themenschwerpunkte der Lesestücke sind antike Geschichte und römisches Geistesleben. Texte des frühen Christentums und des Humanismus ergänzen das Bild von der lateinischen Tradition Europas.

– Der Teilband „Texte und Übungen" enthält 50 doppelseitige Lektionen. Sie bringen den Abschluß der Lehre vom Verbum, die Steigerung, die systematische Zusammenfassung der Kasuslehre, die Syntax der Nominalformen des Verbums (Partizip, Infinitiv, nd-Formen), die oratio obliqua und eine zusammenfassende Darbietung der Gliedsätze. In einem Überblick am Ende des Bandes „Wege zur Übersetzung lateinischer Texte" werden verschiedene Methoden des Übersetzens an Beispielen vorgeführt. Hinweise bei einzelnen Lektionen (mit ▶ gekennzeichnet, beginnend bei Lektion 72) geben Empfehlungen für die Behandlung dieser Methoden im Unterricht. Zwei weitere Übersichten sind den Stilfiguren und der Wortbildungslehre gewidmet. Anregungen zur unterrichtlichen Behandlung dieser beiden Komplexe werden in den Übungen der einzelnen Lektionen gegeben.

– Der Teilband „Grammatik und Wortschatz" stellt lektionsweise die behandelten grammatischen Erscheinungen vor und bringt den Lernwortschatz. An zahlreichen Stellen wird das schon in Band I eingeführte Satzmodell verwendet. Die syntaktischen Erscheinungen werden streng funktional interpretiert; damit wird didaktischen Konzeptionen, die den modernen Lateinunterricht prägen, Rechnung getragen. Die Register dieses Teilbandes bestehen aus dem „Lateinisch-deutschen Wörterverzeichnis" und dem Verzeichnis „Wichtige grammatische Begriffe"; sie umfassen Wortschatz und Grammatik beider Bände des Unterrichtswerkes. Das „Eigennamenverzeichnis" berücksichtigt alle in den lateinischen Texten von Band II vorkommenden Eigennamen sowie die Namen der antiken Autoren der L- und Z-Teile. Auf der letzten Seite des Bandes findet sich das „Modell der lateinischen Satzglieder", ergänzt um die Inhalte aus Band II.

– Der Beginn der Originallektüre ist nach der Behandlung der nd-Formen (Lektionen 104–106) möglich. Die Durchnahme der oratio obliqua kann im Rahmen der Originallektüre erfolgen; die Autoren empfehlen jedoch, die oratio obliqua anhand der Lektionen 110 und 111 zu behandeln, da alle wichtigen Erscheinungen sowohl im Textband wie in der Begleitgrammatik an Textpartien aus Cäsars Gallischem Krieg vorgeführt werden.

Die Autoren danken den Herausgebern für zahlreiche fördernde Hinweise, den Beratern für wertvolle Ratschläge. Dank ihrer Mithilfe kann ein Werk vorgelegt werden, das den regionalen Unterschieden in den didaktischen Konzeptionen der einzelnen Bundesländer Rechnung trägt. Dem C. C. Buchners Verlag, der das Werk mit großer Anteilnahme und mit Verständnis für die Wünsche von Autoren und Herausgebern betreut und vorbildlich ausgestattet hat, gebührt der besondere Dank der Verfasser.

71

E 1. Ōlim in urbe Athēnīs nōbilēs dominābantur, pauperēs opprimēbantur.
2. Pauperēs Solōnem, virum iūstum, hortābantur: „Tūtāre nōs ā nōbilibus!"
3. Deōs implōrābant: „Rogāmus vōs, ut superbiam nōbilium aspernēminī."

L **Solon löst eine politische Krise**

Im 8. und 7. Jahrhundert v. Chr. hatten sich in Griechenland einschneidende soziale Gegensätze herausgebildet. In Athen übernahm Solon die Aufgabe, die sozialen Spannungen zwischen den reichen Adeligen und dem mittellosen Volk zu beseitigen.

Rem publicam Atheniensium nobiles olim avaritia in tantum periculum adduxerant, ut pauperes inopiam suam miserarentur neque tolerare possent. Itaque omnes Solonem, virum integrum et sapientem, hortati sunt, ut civitatem e periculo servaret et novis aequisque legibus moderaretur. Nobiles enim usque ad
5　id tempus dominabantur populoque imperabant. Pauperes autem laborantes nemo tutabatur, nemo consolabatur.
Propterea Athenienses cunctati non sunt Solonem orare, ut pauperibus auxiliaretur[1] divitesque coerceret. Pauperibus profecto Solo permisit, ut onera sua deponerent, divites autem vetuit pecuniam creditam exigere[2], ne populus in duas
10　partes divideretur.
Solo cum opinaretur scriptas tantum leges valere, omnia, quae sanxerat, in tabulis in-scribi iussit. Ita cives leges semper contemplari poterant.
Ipse in Aegyptum secessit. Ibi diu versatus Aegyptiorum mores percontari conabatur. In patriam autem numquam rediit.

(nach Aristoteles)

Ü a) Bestimme folgende Formen und übersetze sie:

dominaris, hortabamur, conabuntur, cunctata est, tutantur, miserantes, cunctati, moderor, contemplabamini, versabatur, percontati essent, consolare.

b) Ersetze durch die entsprechende Form von *hortari*:

moneo, moneant, monebat, monebis, monete, monebunt, monui, monuisset, monueramus, monuero, monuerim, moniturum esse.

c) Übersetze die Partizipien der Verben *monere* und *hortari* jeweils mit einem deutschen Relativsatz: mater filiam monens, pater filium hortans, magister pueros moniturus, liberi amicos hortaturi, pueri a magistro moniti, imperator milites hortatus.

d) Fülle die Lücken sinnvoll mit einer der folgenden Verbalformen:

tutabatur, promiserunt, opinabantur, consolamini, miserantes, aspernaturos esse

1. ... animos miserorum! 2. Solo pauperes sortem ... novis legibus... 3. Multi leges aequas esse ... 4. Athenienses ... se leges Solonis ... non ...

---

1) *auxiliārī* Beistand leisten, helfen　2) *pecūniam crēditam exigere* ein Darlehen eintreiben

e) Bilde die Tempusreihe[1] zu: 1. versaris 2. cunctamini.

f) Welche Sätze des Textes von L entsprechen den folgenden Stichworten: die Situation vor Solons Reformen – Aufforderung an ihn zur Lösung der Krise – seine Mittlerrolle – seine Gesetzgebung – seine Reise nach Ägypten.

g) Solon wurde im Altertum zu den ‚Sieben Weisen‘ gerechnet.
Weshalb hat er dies vor allem verdient?
Warum ist Solon nach Ägypten gereist und nicht in ein anderes Land?

Z   Eines der Gesetze Solons:

Si ob discordiam seditio atque discessio populi
in duas partes fiet
et ob eam causam utrimque arma capientur
pugnabiturque,

5   tum qui in eo tempore in eoque casu civilis discordiae non alteri parti sese adiunxerit, sed
separatus a communi malo civitatis secesserit,
is domo, patria fortunisque omnibus careto,
exul extorrisque esto.
(Gellius, Attische Nächte II 12)

discessiō Trennung
fiet es wird geschehen
utrimque auf beiden Seiten

sēsē = sē – adiungere anschließen
sēparātus abgesondert
fortūnae Güter – *carētō* er soll entbehren – *exul* verbannt – *extorris* heimatlos – *estō* er soll sein

I   Solon war nicht nur ein bedeutender politischer Reformer, sondern auch ein großer Dichter. Sein Ziel war es, durch seine Dichtungen die Athener zu erziehen. In dem folgenden Gedicht (fr. 11 West) warnt er vor Peisistratos:

Wenn ihr Schweres erfuhrt durch eigene Schuld und Verkehrtheit,
Klaget um euer Geschick nicht die Unsterblichen an.
Selbst ihr zogt sie ja groß und machtet sie stark, die Tyrannen,
Und nun seufzt ihr dafür unter dem schmählichen Joch.
Einzeln zwar geht jeder von euch auf der Fährte des Fuchses,
Aber sobald ihr gesamt handelt, verläßt euch der Sinn.
Denn ihr traut auf die Rede des Manns und die schillernden Worte,
Doch blind seid ihr für das, was euch vor Augen geschieht.
(Übersetzung von E. Geibel)

Porträtbüste Solons (ΣΟΛΩΝ) auf einer
griechischen Münze aus dem Jahre 1982

---

1) Unter ‚Tempusreihe‘ sind die Formen des gleichen Verbums in derselben Person in allen Zeiten, sowohl im Indikativ als auch im Konjunktiv, zu verstehen.

E 1. Pīsistratus profitētur (professus est) sē populī amīcum esse.
2. Fatēre (cōnfitēre), Pīsistrate, tē populum dēspexisse.
3. Aristīdēs, homō iūstus, malam fortūnam sortītur (sortītus est).
4. Inimīcī eum adortī (sunt et) ē patriā ē-iēcērunt.

L₁ Peisistratos sucht seinen politischen Vorteil

Trotz der Solonischen Reformen wurden in Athen die sozialen Spannungen nicht beigelegt. Rivalisierende Adelige machten sich zu Führern einzelner Bevölkerungsgruppen und bekämpften sich gegenseitig. Einer von ihnen war Peisistratos.
Er hatte in Attika eine sehr schöne Frau namens Phya gefunden. Sie sollte ihm helfen, an die Macht zu gelangen. Er ließ die Frau wie die Göttin Athene (lat. *Minerva*) anziehen und fuhr mit ihr in die Stadt. Angeblich fiel das leichtgläubige Volk der Athener auf diese ‚Göttererscheinung' herein.

Populus cum mulierem iuxta Pisistratum curru vehentem conspiceret, valde terrebatur eamque ut deam veritus est. Praecones¹ ante vehiculum² currentes haec profitebantur: „Veremini omnes Minervam, ut urbem vestram semper tueatur! Intuemini Pisistratum, quem dea ipsa in arcem reducit! De vobis deque urbe bene
5 merebitur." Hoc dolo Pisistratus imperium occupavit.
Imperium eius tyrannis³ fuisse videtur; tamen talem tyrannidem³ populo Atheniensium prosperam et salutarem fuisse omnes fatentur.

(nach Herodot und Aristoteles)

L₂ Aristeides verfällt dem Scherbengericht

Nach der Vertreibung der Söhne des Peisistratos wurde der Staat der Athener von Kleisthenes auf den Weg zur Demokratie geführt.
Eine wichtige Einrichtung der Verfassung war das Scherbengericht (Ostrakismós), durch das Politiker, die dem Volk zu mächtig erschienen, für zehn Jahre verbannt werden konnten. Dieses Schicksal traf zahlreiche bedeutende Athener, darunter auch Aristeides.

Aristides adeo excellebat abstinentia⁴, ut cognomine Iustus appellaretur. Aequalis fere fuit Themistoclis, qui omnia molitus est, ut summa imperii potiretur; ne veritus quidem ille est pecuniam publicam avertere⁵.
Aristides numquam mentiebatur, nihil umquam largiebatur⁶, nemini assentiebatur nisi viris bonis et probis. Quare Themistocles eum adortus est verbis perfecit-
5 que, ut testarum suffragiis⁷ exilio decem annorum multaretur.

(nach Plutarch und Nepos)

▶ Zu L₁ 1–5 lies den Abschnitt ‚Übersetzen Wort für Wort' S. 118 f.

Ü a) Konjugiere: si confiterer, de amicis bene merebor, aeger/aegra esse videbar.

b) Setze in die entsprechende Form des Perfektstammes: verebamini, videntur, profitentes, bene merebitur; moliaris, largiemur, adorirentur, assentiris.

---

1) *praecō, -ōnis* Ausrufer, Herold   2) *vehiculum, -ī* Fahrzeug   3) *tyrannis, -idis* f. Tyrannis, Gewaltherrschaft   4) *abstinentia, -ae* Enthaltsamkeit, Uneigennützigkeit   5) *pecūniam pūblicam āvertere* öffentliche Gelder unterschlagen   6) *lārgīrī* hier: verschwenden, Bestechungsgelder zahlen   7) *testārum suffrāgia, -ōrum* Scherbengericht (eigtl. Abstimmung durch Tonscherben mit eingeritztem Namen)

c) *terreo te* ich erschrecke dich – *terreris* du wirst erschreckt = du erschrickst

Übersetze entsprechend: terret eum – terretur; terrent eas – terrentur; terrebamus eos – terrebantur; terruimus vos – territi estis; terrueram te – territus eras.

d) Erkläre: dominieren, dominant; Tutor, Intuition; moderieren, Fernseh-Moderator; Konfession, Confiteor, Professor; Sorte, sortieren; Okkupation.

e) Die Suffixe **-culum** (**-crum** bei Stämmen, die schon ein *l* enthalten) und **-bulum** bezeichnen gewöhnlich ein *Mittel* oder *Gerät*. Sie werden meist an Verbalstämme angefügt. Was bedeuten die folgenden Substantive demnach: vinculum, vehiculum, speculum *(Spiegel)*, spectaculum, curriculum, simulacrum, vocabulum.

f) Wodurch unterscheiden sich Aristeides und Themistokles als Menschen und als Politiker voneinander?

Z Wer aus der Masse herausragt, macht sich unbeliebt:

Est apud Heraclitum philosophum   *est* es steht (zu lesen)
    de principe Ephesiorum Hermodoro:
Universos ait Ephesios esse morte multandos,   *ūniversī* alle – *esse ... multandōs* müß-
quod, cum civitate ex-pellerent Hermodorum,   ten ... bestraft werden
5   ita locuti sint: *locūtī sint* sie haben gesprochen
„Nemo de nobis unus excellat;   *ūnus* als einziger
sin quis exstiterit,   *exsistere* auftreten
    alio in loco et apud alios sit.“
An hoc non ita fit omni in populo?   *an* etwa – *fit* es geschieht
10 Aristides nonne ob eam causam ex-pulsus est
    patria,
quod praeter modum iustus esset?   *praeter modum* über das Maß hinaus
       (Cicero, Gespräche in Tusculum V 105)

I Es gab in Athen ein Gesetz, wonach alljährlich in der Volksversammlung gefragt werden mußte, ob man einen Politiker für so mächtig hielt, daß er der Demokratie gefährlich werden könnte. Wurde die Frage bejaht, so schrieb jeder Teilnehmer der Versammlung den Namen dessen, den er für so gefährlich hielt, auf eine Tonscherbe (griech. *óstrakon*). Wer 6000 Stimmen gegen sich hatte, mußte die Stadt für 10 Jahre verlassen, ohne jedoch in seiner Ehre oder seinem Vermögen irgendeinen Nachteil zu erleiden.
Die Einrichtung der Abstimmung auf Tonscherben sollte ursprünglich dazu dienen, eine neue Tyrannenherrschaft zu verhindern; sie wurde im weiteren Verlauf der athenischen Geschichte jedoch häufig mißbraucht, wie am Beispiel des Aristeides zu sehen ist.

Die Abbildung zeigt ein Ostrakon mit dem eingeritzten Namen ARISTEIDES, (Sohn) des LYSIMACHOS.

73

E
1. Post pūgnam Marathōniam Themistoclēs mūnere ducis fungēbātur.
2. Apud cīvēs sīc locūtus est:
3. „Summā virtūte ūtāmur, ut Persās persequāmur!
4. Sīc magnam laudem assēquemur."

L   Themistokles lockt die Perser in eine Falle

Nachdem sich die Perser den Zugang nach Griechenland erkämpft hatten, zerstörten sie das von seinen Bewohnern verlassene Athen. Als die gewaltige persische Flotte in der Bucht von Salamis erschien, wollten die Griechen sich nicht mehr zum Kampf stellen. Der Spartanerkönig Eurybiades, der die griechische Flotte befehligte, hatte bereits den Befehl zum Rückzug gegeben. Da entschloß sich Themistokles, mit Hilfe einer List die Entscheidungsschlacht herbeizuführen.

Themistocles cum Eurybiadem ad pugnam movere non posset, noctu fidelissimum[1] servorum suorum ad Xerxem misit. Is lintre[2] vectus est ad regem et litteras Themistoclis tradidit; qui haec fere scripsit: „Ego Themistocles, qui munere ducis Atheniensium fungor, multis de causis queror de civibus meis. Iam saepe
5   in me invecti sunt, quod me tibi amicum esse suspicabantur. Quare misi ad te servum meum, cum ipse tecum colloqui non possem.
Graeci quia pace frui student, haud nituntur, ut vos Persas classe devincant, sed ex pugna imminente evadere parant. Qui si evaserint, singulos persequi cogeris. Sin eos statim adortus eris, brevi universos opprimes laudemque maximam asse-
10 queris."
Xerxes cum hanc epistulam per-legisset, arbitratus est se victoriam iam consecutum esse servumque complexus est. Quod numquam fecisset, si Themistoclem dolo uti suspicatus esset.

(nach Herodot, Plutarch und Nepos)

Ü   a) Übersetze und vergleiche die Kasus der Objekte der lateinischen mit denen der deutschen Sätze:

1. Themistocles	Xerxi	litteras	scripsit.
2. Themistocles		munere ducis	fungitur.
3. Themistocles		dolo	usus est.
4. Persae		urbe Atheniensium	potiti sunt.
5. Athenienses		pace	frui studebant.

b) Übersetze: 1. Themistocles imperio potitus Aristidem persequi non desiit. 2. Graeci consiliis Themistoclis usi pericula imminentia vitaverunt. 3. Milites hostes subactos esse arbitrati domum redierunt. 4. Fungimini officiis vestris! 5. Semper bona valetudine fruamur! 6. Brevi tempore hostes oppido potientur.

c) Ersetze durch die entsprechenden Formen von *loqui* und *invehi*: dic, dicebat, dicet, dixisti, dixissent; increpas, increparet, increpuerunt, increpuissent.

---

1) *fidelissimus, a, um* der zuverlässigste   2) *linter, -tris* Kahn

12

d) Setze den richtigen Kasus ein: 1. Eurybiades (munus) ducis Graecorum functus est. 2. Xerxes nullo tempore Themistoclem (dolus) usum esse suspicatus est. 3. Romani raro (lingua Graeca) utebantur. 4. Omnes homines (pax) frui iuvat. 5. Athenienses (Themistocles) secuti sunt. 6. Sequere (amici), qui abierunt! 7. Milites (ingens praeda) potiti in castra redierunt.

e) Das Lesestück enthält an vier Stellen einen relativen Satzanschluß. Suche diese Stellen auf und stelle jeweils die Beziehung zum vorausgehenden Satz her.
Wieviele Relativsätze enthält das Lesestück außerdem?

f) Mit welchem Hinweis versucht Themistokles das Vertrauen des Perserkönigs zu gewinnen? Mit welchem Argument zwingt er Xerxes, die Initiative zu ergreifen? Weshalb konnte Themistokles nicht selbst angreifen?

Z REM TENE, VERBA SEQUENTUR!
NULLA TAM BONA EST FORTUNA,
  DE QUA NIHIL POSSIS QUERI.
STULTUM EST QUERI DE ADVERSIS,   *stultus* töricht
  UBI CULPA EST TUA.   *culpa* Schuld
SAT(IS) EST DISERTUS, E QUO   *disertus* redegewandt
  LOQUITUR VERITAS.

QUI TACET, CONSENTIRE VIDETUR.
BONA CAUSA NULLUM IUDICEM VEREBITUR.
ARBOR HONORETUR, CUIUS NOS UMBRA TUETUR.   *honōrāre* zu *honōs* – *umbra* Schatten

BUCHT VON ELEUSIS

INSEL SALAMIS

GRIECH. FESTLAND

DIE SCHLACHT BEI SALAMIS
◯ Griechische Flotte
◆ Persische Flotte

74

E 1. Mīlitēs corpora exercent, ut labōrēs patī possint (patiantur).
2. Spartiātae prō patriā moritūrī in cōnspectū hostium: „Prōgrediminī in aciem! Aggrediāmur Persās!"
3. Persae in Graeciam profectī sunt, ut clādem ad Marathōnem acceptam ulcīscerentur.
4. Xerxēs mīlitēs hortāns: „Victōriam", inquit, „adipīscēmur, sī Graecōs aggressī erimus."

L₁ Spartaner vor der Schlacht

Beim Vormarsch auf die Thermopylen stieß der Perserkönig Xerxes auf ein kleines Kontingent spartanischer Krieger, die seinen Spähern durch ihr merkwürdiges Verhalten auffielen: Sie machten gymnastische Übungen und kämmten ihre Haare.
Demaratos, ein griechischer Berater des Perserkönigs, gibt dafür eine Erklärung:

„Scito, rex, illos viros angustias ingressos esse, ut omnes Graecorum hostes arcerent. Est apud eos mos, ut corpora exerceant et capita ornent, quotiens ad pugnam progrediuntur et mori parant. Numquam patientur hostes patriam subigere. Nemo iam tibi hostis exorietur, si illos viros subieceris.
5 Sin autem tales viros vivere patieris, Persas multa mala passuros esse constat."
Xerxes valde optavit, ut tanta animi fortitudo apud Persas quoque oreretur.

(nach Herodot)

L₂ Perikles vergißt seinen Freund Anaxagoras

Der Wiederaufbau der von den Persern zerstörten Akropolis von Athen nahm Perikles sehr in Anspruch. Für seinen Freund und Lehrer Anaxagoras fand der berühmte Mann deshalb keine Zeit.

Pericles cum iam magnam gloriam et auctoritatem adeptus esset ideoque otio careret, oblitus est Anaxagorae magistri. Qui, ut neglegentiam[1] Periclis ulcisceretur, simulavit se mortem inedia persequi[2]. Quod cum Pericles comperisset, statim ad Anaxagoram profectus est.
5 Anaxagoras philosophus in lecto iacens ad Periclem: „Venistine", inquit, „tandem ad me, Olympie[3]? Haudquaquam doleo me hominem[4] natum esse, cum dei me visitent. Amicorum ne oblitus sis! Semper enim id cogita: Qui lucerna[5] usuri sunt, oleum in-fundere debent."

(nach Plutarch)

▶ Zu L₁ lies den Abschnitt ‚Gliedern in Wortblöcke' S. 119.

Ü a) Bilde die Tempusreihe zu: 1. moritur 2. progrediuntur 3. obliviscimur 4. adipiscimini.

b) Unterscheide: patere, pateris, patris, patres, partes, parens, pariens, patiens, patens; accedere, accendere, ascendere, aggredere; mortuos ulti sunt; mortui usti sunt.

---

1) *neglegentia, -ae* Nachlässigkeit, Vernachlässigung 2) *mortem inediā persequī* den Hungertod suchen 3) *Olympius, -ī* der Olympier (diesen Beinamen hatte Perikles bekommen, weil er als Redner mit dem olympischen Zeus verglichen wurde) 4) *hominem* als Mensch 5) *lūcerna, -ae* (Öl-)Lampe

14

c) Übersetze die folgenden Begehrsätze: 1. Ne bestias vexaveris! 2. Ne aspernati sitis pauperum preces! 3. Ne mortem timueritis! 4. Ne veriti sitis deos falsos! 5. Ne sero veneritis! 6. Ne mentitus sis! 7. Ne hoc feceris! 8. Ne persecuti sitis hostes fugientes! 9. Ne ulti sitis inimicorum iniurias!

d) Verneine die folgenden Imperative: 1. Conare hoc facere! 2. Laudate istum hominem! 3. Confitemini crimen vestrum! 4. Manete domi! 5. Aperi portam! 6. Largimini omnia, quae habetis! 7. Relinquite hunc locum! 8. Ingredere hanc villam!

e) Die Suffixe **-tūdō** und **-tūs (-tūtis)**, welche (häufig mit dem Vokal *i*) an den Stamm von Adjektiven oder Substantiven angehängt werden, bezeichnen eine *Eigenschaft* oder einen *Zustand*. Was bedeuten also: aegritudo, altitudo, amplitudo, fortitudo, latitudo, magnitudo, pulchritudo, similitudo, turpitudo; iuventus, virtus, senectus, servitus.

f) Was ist der tiefere Sinn der Worte des Philosophen Anaxagoras an den Politiker Perikles, daß derjenige, der eine Lampe benützen will, auch Öl einfüllen müsse?

Z Richtige Erklärung einer Sonnenfinsternis im Altertum:

Bello illo maximo,
quod Athenienses et Lacedaemonii
    summa inter se contentione gesserunt,   *contentiō* Erbitterung
Pericles ille
5   et auctoritate et eloquentia et consilio   *ēloquentia* Beredsamkeit
    princeps civitatis suae,
cum obscurato sole tenebrae factae essent   *obscūrātō sōle* infolge einer Sonnenfin-
repente   sternis – *cum ... tenebrae factae essent*
Atheniensiumque animos summus timor   als Dunkelheit entstanden war – *repente*
10   occupavisset,   plötzlich
    docuisse cives suos dicitur,
    id quod ipse ab Anaxagora acceperat,
certo illud tempore fieri et necessario,   *fierī* geschehen – *necessāriō* Adv. not-
cum tota se luna sub orbem solis subiecisset,   wendig, unvermeidlich – *cum ... subiēcis-*
15 Quod cum docuisset, populum liberavit metu.   *set* wenn sich der ganze Mond unmittel-
        (Cicero, Über den Staat I 25)   bar vor die Sonnenscheibe geschoben
   habe

I Zum Gedenken an die bei den Thermophylen Gefallenen
    Epigramm des Simonides von Keos mit Übersetzungen

SIMONIDES (ca. 558–468 v. Chr.):
᾿Ω ξεῖν᾿ ἀγγέλλειν Λακεδαιμονίοις ὅτι τῇδε
κείμεθα τοῖς κείνων ῥήμασι πειθόμενοι.

Ō xein' angellein Lakedaimonioi̯s
   hoti tēde
kei̯metha toi̯s keinōn
   rhēmasi pei̯thomenoi̯.

CICERO (106–43 v. Chr.):
Dic, hospes, Spartae[1] nos te hic vidisse iacentes,
dum sanctis patriae legibus obsequimur[2].

Friedrich SCHILLER (1759–1805):
Wanderer, kommst du nach Sparta,
   verkündige dorten, du habest
Uns hier liegen gesehn,
   wie das Gesetz es befahl.

---

1) *Spartae* in Sparta   2) *ob-sequī (alicui)* (einem) gehorchen

15

E 1. Omnēs bonī, ut ait Cicerō, dominum crūdēlem ōdērunt semperque
ōderint.
2. Meministisne vōs dominī crūdēlis?
3. Nēmō audet (ausus est) dominum crūdēlem ferrō aggredī.
4. Cōnstat Sōcratem philosophum clārum fuisse.
5. Adulēscentēs iūvit cum Sōcrate colloquī.

L₁ **Ein frommer Wunsch**

In der Stadt Syrakus wurde der Tyrann Dionysios wegen seiner Grausamkeit von allen Bürgern
gehaßt. Nur eine alte Frau betete täglich für sein Leben.

Quod ubi Dionysius cognovit, gavisus est mulierem tantam erga se benevolentiam habere; arcessivit eam et: „Quin me", inquit, „odisti? Aiunt me hominem
deterrimum¹ esse, quod homines contemnere consuevi. Qua de causa, quaeso,
hoc facis?" Tum illa sic loqui ausa est: „Certe memini nos iam duos habuisse
5 tyrannos. Nunc tertium te habere coepimus dominum², qui importunior³ es quam
superiores⁴. Opto, ne taetrior⁵ in locum tuum succedat." Tantam audaciam
Dionysius punire nequivit.

(nach Valerius Maximus)

L₂ **Sokrates rechtfertigt seine Lebensweise**

Der Sophist Antiphon kann die anspruchslose Lebensweise des Sokrates nicht verstehen. Es
kommt zwischen beiden zu folgendem Gespräch:

ANTIPHON: Nonne, Socrates, philosophos beatos esse oportet? Tibi tamen contra
evenire⁶ apparet. Quamquam luxuriose⁷ tibi vivere licet, vilissimis⁸ cibis vesceris⁹
eandemque semper vestem induis. Praeterea spernere soles pecuniam, quae
homines beatos facit. Discipulis tuis numquam conducet mores tuos imitari.
5 SOCRATES: Praestat luxuriam aspernari quam luxuriae servum esse. Mihi enim
libere vivere placet. Quid ergo? Soli homines modesti et patriae et amicis prodesse possunt; quos autem in luxuria vivere iuvat, eos a philosophia abhorrere¹⁰
constat.

(nach Xenophon)

▶ Zu L₁ 1 f. lies den Abschnitt ‚Verstehendes Lesen' S. 120 f.

Ü a) Unterscheide: audet, audit, audiet, audeat, aude, audi, ausi, auxi, aucti; gaudeo, gaudio;
soles, solus, solitus, solutus.

b) Übersetze die folgenden Verbalformen und bilde lateinisch die jeweils entsprechende
Form des Perfektstammes: audent, audebit, gaudeam, gaudebatis, solemus, soleres.

c) Bilde die Tempusreihe (lateinisch und deutsch) zu: 1. odisti 2. meministis.

---

1) *dēterrimus, a, um* der schlechteste 2) *tertium ... dominum* als dritten Gebieter 3) *importū-
nior, -ōris* rücksichtsloser, brutaler 4) *superior, -ōris* früher 5) *taetrior, -ōris* abscheulicher
6) *contrā ēvenit* es geschieht das Gegenteil 7) *luxuriōsus, a, um* üppig, verschwenderisch 8) *vī-
lissimus, a, um* der billigste 9) *vēscī* sich nähren 10) *abhorrēre ā philosophiā* vor der Philosophie zurückschrecken, die Philosophie ablehnen

16

d) Ersetze *soleo* durch *consuevi, scio* durch *novi*: solemus, solebant, solebit, solere; scitis, scias, sciebamus, sciam, scies, scirem, scire.

e) Kannst du dich mit dem Inhalt der folgenden Sätze einverstanden erklären?
1. Quod placet, non semper licet. 2. Rem oportet spectari, non verba. 3. Quod licet Iovi, non licet bovi. 4. Conducit omnibus, ut singulae civitates sua iura et suas leges habeant.

f) Übersetze und nenne dabei jeweils die Funktion des Infinitivs im Satz: 1. Gloriam aeternam assequi non possumus. 2. Pauci sciunt rebus secundis bene uti. 3. Necesse est mori. 4. Libros legere utile est. 5. Iustum esse oportet. 6. Sapientis est sorte sua contentum esse. 7. Ignavum esse non licet. 8. Praestat bonum esse quam videri.

g) Dionysios betrachtet das Verhalten der Frau ihm gegenüber als *benevolentia*. Ist das richtig? Warum kann der Tyrann die Frau nicht bestrafen? Welche Charaktereigenschaft offenbart er damit?

h) Aus den Worten Antiphons läßt sich die Lebensweise des Sokrates erschließen. Stelle die entscheidenden Aussagen lateinisch zusammen.

Z Dionysios besuchte einst Sparta. Neugierig auf die berühmt-berüchtigte schwarze Blutsuppe setzte er sich zu Tisch:

Cum tyrannus cenavisset Dionysius,
negavit se iure illo nigro,   *iūs, iūris* n. Suppe
quod caput cenae erat, delectatum esse.   *caput* Hauptteil
Tum is, qui illa coxerat: *coquere, coquō, coxī, coctum* kochen
5 „Minime mirum; condimenta enim defuerunt."   *minimē* keineswegs – *condīmentum*
„Quae tandem?" inquit ille.   Gewürz
„Labor in venatu, sudor, cursus ad Eurotam,   *vēnātus, -ūs* Jagd – *sūdor* Schweiß –
fames, sitis.   *cursus ad Eurōtam:* am Eurotas lag die
His enim rebus Lacedaemoniorum epulae   Rennbahn – *epulae* Speisen
10 condiuntur."   *condīre* würzen
(Cicero, Gespräche in Tusculum V 98)

RESPICERE NIHIL CONSUEVIT IRACUNDIA.   *īrācundia* Jähzorn
UBI LIBERTAS CECIDIT, AUDET LIBERE NEMO
LOQUI.

I Die sokratische Methode

In einer platonischen Schrift unterhalten sich zwei junge Männer über ihren Lehrer Sokrates; der eine von ihnen sagt:
„Du scheinst gar nicht zu wissen, daß der, der sich mit Sokrates im Gespräch einläßt, von diesem so lange ohne Ruhe herumgeführt wird, bis er Rede steht über sich selbst. Wenn ihn aber Sokrates so weit hat, dann läßt er ihn nicht eher heraus, als bis er alles gründlich untersucht hat. Ich, mein Freund, lasse mich mit ihm ins Gespräch ein und halte es nicht für etwas Übles, daran erinnert zu werden, daß ich etwas nicht richtig gemacht habe. Ja, es ist sogar notwendig, sich vor einem solchen Gespräch nicht zu scheuen und etwa zu meinen, daß das Alter schon selbst den Verstand mitbringen werde. Mir ist es also weder ungewohnt noch unerwünscht, von Sokrates geprüft zu werden; denn wenn wir mit Sokrates zusammen sind, ist die Rede immer von uns selbst."

(Platon, Laches 188a/b)

76

E 1. Antīquīs temporibus hominēs ex lapidibus arma faciēbant.
Arma ex lapidibus fīēbant.
2. Fīat lūx! Et lūx facta est.
3. Interdum ex inimīcīs bonī amīcī fiunt.

L **Alexander und die Skythen**

Auf seinem Zug nach Indien trifft Alexander im Jahre 329 v. Chr. in der Nähe der Stadt Marakanda (heute Samarkand in der Sowjetunion) auf die dort lebenden Skythen. Ihr Stammeshäuptling macht dem jungen Makedonenkönig Vorhaltungen:

„Tu, qui Macedoniae tantum rex factus es, a media Europa in Asiam venisti. Quid nobis est tecum¹, rege Macedonum? Quid interest novisse, quis sis et unde venias? Gloriaris venisse te, ut Persas latrones persequereris; sed omnium gentium latro fias necesse est.

5 Lydiam cepisti, Syriam occupa(vi)sti, Persidem tenes. Iam fit, ut ad pecora nostra avaras manus porrigas. Sed, si omne genus humanum superaveris, quid fiet? Omnes adhuc labores irritos esse scito: bellum tibi ex victoria nascetur.

Quamquam maior es quam quisquam, tamen nemo te dominum fieri cupit. Denique, si deus es, tribuere mortalibus beneficia debes, non bona eripere; sin autem

10 homo es, cogita te numquam fore deum.

Quos aggressus non eris, ii tibi boni fient amici. Nam firmissima² est inter pares amicitia; inter dominum et servum amicitia fieri non potest."

(nach Curtius Rufus)

Ü a) Setze die Apposition in den richtigen Kasus und übersetze sodann die Sätze ins Deutsche: 1. Copiae Alexandri, (rex Macedonum), magna flumina transierunt. 2. Alexandro, (rex Macedonum), placuit legatis Scytharum aures praebere. 3. Scythae Alexandrum, (rex Macedonum), orabant, ne Tanaim amnem transiret.

b) *summa turris* der höchste Turm/die Spitze des Turmes

Übersetze entsprechend, soweit es möglich ist: media insula, in primo agmine, medio in foro, prima luce, prima nocte, media aestate, summa arbor, in medias res.

c) Häufig werden Formen des Perfektstammes verkürzt: es kann ausgestoßen werden *vi* vor *s, ve* vor *r* und *v* vor *e*: z. B. *occupasti = occupavisti; laudarunt = laudaverunt; audierunt = audiverunt.*

Nenne zu den verkürzten Formen die vollständige Form: laudassem, laudastis, delessent, audisti, nosti, nosse, norunt, noram, norim, imperassent, punierunt, finiero.

d) Setze ins Passiv: facit, faciebant, faciet, fecit, facere; afficiunt, conficit, perficiebat.

e) Unterscheide: amicus tuus sum, amicus tuus fio – dives fis, dives es, dives eris – firmant, firmantur, firmabunt, firmi fiunt, firmi fient – liberi fimus, liberi fiemus, liberamur, liberamus, liberabimus.

---

1) *Quid nōbīs est tēcum?* Was haben wir mit dir zu tun? 2) *firmissimus, a, um* der festeste, sehr fest

18

Alexander d. Gr. im Kampf gegen den Perserkönig Dareios. Ausschnitt aus einem Fußboden-mosaik (Größe 5,82 × 3,13 m; über 1,5 Mill. Steinchen), das 1831 im ‚Haus des Fauns' in Pompeji gefunden wurde. Um 100 v. Chr. Neapel, Nationalmuseum.

f) Bilde die entsprechenden Formen des Aktivs: afficitur, perficeretur, interfecti essent, affici; fiunt, fiat, fieri, fies, fiebamus.

g) Konjugiere im Präsens nebeneinander: fio, eo, capio.

h) Was will der Skythenhäuptling mit dem Satz ‚bellum tibi ex victoria nascetur' (L 7) ausdrücken?
Sind die Skythen grundsätzlich gegen Alexander eingestellt?
Unter welchen Bedingungen wären sie für ihn?

Z Der Skythe Anacharsis wollte die griechische Kultur kennenlernen. Sein einfaches Leben ist ihm jedoch lieber, wie er in einem Brief an einen gewissen Hanno schreibt:

ANACHARSIS HANNONI SALUTEM
Mihi amictui est Scythicum tegimen,
   calceamentum solorum callum,
   cubile terra, pulpamentum fames;
5 lacte, caseo, carne vescor.
Munera autem ista, quibus es delectatus,
   vel civibus tuis vel dis immortalibus dona.
       (Cicero, Gespräche in Tusculum V 90)

salūtem erg. *dīcit*
mihi amictuī est mir dient als Mantel – *tegimen* Decke – *calceāmentum* als Schuhwerk (habe ich) – *solōrum callum* die Hornhaut der Fußsohlen – *cubīle* als Bett – *pulpāmentum* als Gewürz – *cāseus* Käse – *carō, carnis* Fleisch – *vēscī* sich nähren

Ist die Aussage der folgenden Verse auch heute noch gültig?

Consules fiunt quotannis et novi proconsules;
solus aut rex aut poeta non quotannis nascitur.
       (Florus)

quotannīs alljährlich – *prōcōnsul* gewesener Konsul, Statthalter einer Provinz

19

E
1. Alexander iam puer dēcrēverat Achillem imitārī.
2. Alexander rēx omnēs glōriā superāvit.
3. Alexander prīmus (ē Graeciā profectus) in Indiam pervēnit.
4. Alexander mortuus ut deus cultus est.

L **Eine Götterprozession in Alexandria**

Ein griechischer Historiker gibt einen genauen Bericht über eine Prozession zu Ehren des Gottes Dionysos (lat. *Bacchus*) in Alexandria:

Principes pompae[1] Sileni ingrediuntur purpurea[2] veste induti, qui spectatores invitos dissipant. Sequuntur eos liberi, quos homines laeti salutant. Mox autem Bacchus ipse vehitur curru, quem centum octoginta viri trahunt.
Medio in curru deus sedet, manu crateram[3] tenens auream; currus totus ornatus
5 est floribus variis.
Alio in curru dea quaedam sedet, quae spectatores lacte conspergit[4] inopinantes.

Auf einem weiteren Wagen liegt ein riesiger Weinschlauch, aus dem Silene Wein an die Leute ausschenken. Bemerkenswert ist auch ein Wagen mit einer Szene aus der Kindheit des Gottes Bacchus; er ist dargestellt, wie er vom Gott Hermes (lat. *Mercurius*) zu den Nymphen in eine Höhle gebracht wird; aus der Höhle fliegen Tauben heraus, die die Zuschauer zu fassen versuchen. Der Gott Bacchus erscheint noch in weiteren Darstellungen auf mehreren Wagen.

Ecce trepidi[5] homines Bacchum aspiciunt elephanto vehentem; Satyri Silenique deum, qui ex India revertitur, frequentes comitantur. Cameli mulique[6] carrum trahunt, in quo captae mulieres Indicae sedent maestae sortem suam miserantes.
10 Paene ultimo in carro Bacchus profugus[7] sedet, quem Iuno irata persequitur.
Postremi incedunt sescenti servi symphoniaci[8], quibus spectatores hilares plaudunt.
Cum pompa[1] finita est, omnes diversi abeunt.

(nach Kallixeinos von Rhodos)

Ü a) Übersetze und überlege dabei den Unterschied in der Verwendung von Adverb und prädikativem Adjektiv:

1. Homines urbis Alexandriae laete vivunt. Spectatores laeti sunt. Spectatores pompam laeti salutant. 2. Homines bestias feras timidi spectant. Etiam bestiae timidae sunt. Spectatores timide rogant, si *(ob)* bestiae effugere possint.

b) Ein junger Zuschauer des Festzuges erzählt später seinem Freund, der den Zug von einer anderen Straßenecke aus beobachtet hat:

Ego primus elephantum vidi, tu secundus. Primum elephantum vidi, deinde camelos. In pompa primum camelos vidi. Primo mulos et camelos vidi, tum symphoniacos *(Musikanten)* salutavi.

---

1) *pompa, -ae* Festzug, Prozession   2) *purpureus, a, um* purpurfarben   3) *crātēra, -ae* Mischkrug
4) *cōnspergere* bespritzen   5) *trepidus, a, um* unruhig, aufgeregt   6) Welche Tiere sind das wohl?   7) *profugus, -ī* Flüchtling   8) *servī symphōniacī* Musikanten

c) Übersetze die folgenden Sätze nach verschiedenen Möglichkeiten. Achte dabei auf Zeitverhältnis und Sinnrichtung des jeweiligen Partizips:

1. Homini nihil agenti dies longus est. 2. Terra animalibus nihil laborantibus cibos praebet. 3. Docentes discimus. 4. Eritis sicut deus scientes bonum et malum. 5. Cibis completi mente recte uti non possumus. 6. Socrates discipulos hortatus, ut animi dolorem deponerent, venenum laeto animo hausit. 7. A Xerxe Graeciam ingressuro maximus exercitus coactus est. 8. Ave, Caesar, morituri te salutant! (Gruß der Gladiatoren)

d) Übersetze die folgenden Sätze. Wandle lateinisch jeweils ein Prädikat, soweit dies möglich ist, in eine Partizipialkonstruktion um und füge sie in das Satzganze ein:

1. Sileni ingrediuntur principes; purpurea *(purpurfarben)* veste induti sunt. 2. Bacchus deus in curru sedet; manu crateram *(Mischkrug)* auream tenet. 3. Homines Bacchum deum, qui elephanto vehitur, aspiciunt. 4. Captae mulieres Indicae in carro sedent et maestae sortem suam miserantur.

e) Adjektive mit dem Suffix **-eus**, das an den Wortstock gesetzt wird, bezeichnen das *Bestehen aus einem Stoff* oder eine *Farbe,* z. B. *aur-eus* golden, *marmor-eus* marmorn, aus Marmor, marmorweiß. Bilde nach diesen Mustern die entsprechenden Adjektive zu: argentum, ferrum, lapis, ignis, lac, sanguis.

f) In wieviel verschiedenen Darstellungen erscheint der Gott Dionysos in der Prozession (deutscher Text einbezogen)? Bei welchen Gelegenheiten finden bei uns heutzutage Prozessionen statt?

Dionysos auf einem von Löwen gezogenen Wagen. Links der Hirtengott Pan, rechts eine wie Dionysos mit Weinlaub bekränzte Mänade mit Tympanon. Der Gott hält einen Thyrsosstab. Relief aus dem Theater von Perge (Kleinasien), zwischen 150 und 200 n. Chr.

E
1. Alexandrō moriente .... mīlitēs frequentēs aderant.
2. Amīcīs accēdentibus .... rēx mīlitēs dīmīsit.
3. Dīmissīs mīlitibus .... Alexander ānulum[1] Perdiccae trādidit.
4. Ānulō[1] Perdiccae trāditō ... imperāvit, ut in Aegyptō sepelīrētur[2].
5. Alexandrō mortuō .... rēgnum dīvīsum est.

(nach Curtius Rufus)

L **Ein Dichterwettstreit in Alexandria**

König Ptolemaios von Ägypten, einer der Nachfolger Alexanders, war ein großer Freund der Wissenschaften und Künste. Er baute in Alexandria die berühmte Bibliothek und gründete auch musische Wettkämpfe zu Ehren des Gottes Apollon. Ein ausgewähltes Gremium von sieben hochgebildeten Richtern war hierbei für die Preisverteilung zuständig. Der folgende Text führt in eine solche Preisverteilung hinein:

Sex iudicibus iam delectis neque septimo idoneo invento rex interrogavit eos, qui bibliothecae praeerant, num quem[3] novissent idoneum. Dixerunt esse quendam Aristophanem, qui summo studio plurimos libros per-legisset. Initio ludorum facto Aristophanes quoque arcessitus est; sedibus distributis iudices consederunt.
5 Poetarum versibus recitatis singuli iudices sententiam rogati sunt. Sex inter se consenserunt eique, qui maxime[4] multitudini placuisse videbatur, primum praemium tribuerunt. Aristophanes autem eum primum esse dixit, qui minime[5] populo placuisset.
Universis vehementer indignantibus surrexit Aristophanes silentioque facto:
10 „Unus ex his", inquit, „poeta est, ceteri aliena recitaverunt." Admirante populo et rege dubitante ex bibliotheca multa volumina[6] eduxit; tum ea cum recitatis versibus comparans coegit poetas se furatos esse[7] confiteri. Illis cum ignominia dimissis rex Aristophanem amplis muneribus ornavit et supra bibliothecam constituit.

(nach Vitruv)

Ü a) Übersetze die folgenden Sätze und erläutere die Funktion, die der jeweilige Ablativ erfüllt:

1. Ptolemaeus rex incolas urbis Alexandriae ludis delectavit. 2. Ludi homines curis liberabant. 3. Ludi aestate fiebant. 4. Prima aestate (aestate ineunte) ludi parabantur.

b) Wandle die folgenden Gliedsätze jeweils in einen Ablativus absolutus um:

1. Cum amici hortarentur, hoc iter suscepi. 2. Cum sol occidit, aves cantare desinunt. 3. Cum pons in Hellesponto factus esset, Xerxes copias in Europam traduxit. 4. Quamquam varia remedia adhibuerat (... adhibita erant), medicus puellam aegram sanare non potuit. 5. Postquam urbs deleta est, incolae novas sedes quaerebant.

---

1) *ānulus, -ī* Ring 2) *sepelīre* bestatten 3) *num quem* ob (irgend)einen 4) *māximē* am meisten
5) *minimē* am wenigsten 6) *volūmen, -minis* Buchrolle 7) *fūrārī* stehlen

c) Suche in den folgenden Sätzen jeweils die treffende Bedeutung des Verbums *constituere* (aufstellen, (ein)setzen, (er)bauen, festsetzen, verabreden, beschließen):

1. Ptolemaeus rex in urbe Alexandria aedem Apollinis constituit. 2. Etiam bibliothecam condere constituit. 3. Victoribus praemia constituit. 4. Cum hominibus doctis colloquium constituit. 5. Aristophanem supra bibliothecam constituit. 6. Athenienses classem apud insulam Salaminiam constituerunt. 7. Imperator legiones pro castris constituit. Milites cohortatus diem pugnae constituit.

d) Der Text von L läßt sich in drei Abschnitte gliedern. Gib den Inhalt jedes Abschnittes in Stichworten an.

e) An wem orientieren die ursprünglichen sechs Richter ihre Meinung bei der Preisverleihung? Was ist für das abweichende Urteil des Aristophanes maßgebend?
Wie nennt man das Vergehen der ‚poetae furati‘ (vgl. L 12)? Was bedeutet das Zeichen ©, das heute meist auf der Rückseite des Titelblattes eines Buches steht?

Z   Über die Bibliothek in Alexandria schreibt Gellius:

Ingens numerus librorum in Aegypto	
a Ptolemaeis regibus	
vel conquisitus vel confectus est	*conquīrere* auswählen, sammeln – *cōnficere* anfertigen (lassen) – *ad milia … septingenta* fast an die 700 000 Buchrollen –
ad milia fere voluminum septingenta;	
5 sed ea omnia bello Alexandrino,	
dum diripitur civitas,	*bellō Alexandrīnō* vgl. I
non sponte neque opera consulta,	*sponte* von selbst – *operā cōnsultā* mit
sed a militibus auxiliariis forte incensa sunt.	Absicht – *mīlitēs auxiliāriī* Hilfstruppen
(Gellius, Attische Nächte VII 17)	– *forte* zufällig

DUOBUS LITIGANTIBUS TERTIUS GAUDET.   *lītigāre* streiten
PRAESENTE MEDICO NIHIL NOCET.

I   Alexandria – eine antike Weltstadt

Alexander d. Gr. hatte während seiner Feldzüge, auf denen ihn zahlreiche Wissenschaftler begleiteten, die griechische Kultur verbreitet und überall Städte gegründet, die nach ihm benannt wurden (*Alexandreia* = Alexanderstadt).
Die berühmteste der Alexanderstädte war Alexandria in Ägypten, eine modern geplante Großstadt mit rechtwinklig sich schneidenden, breiten Straßen. In ihr lebten über 500 000 Menschen. Durch die wissenschaftliche Forschungsstätte des Museions (= Musenstätte) wurde die Stadt der geistige Mittelpunkt der gesamten hellenistischen Welt (Hellenismus = Zeit vom Tod Alexanders bis zum Beginn der römischen Kaiserzeit unter Augustus).
In Alexandria regierten die Ptolemäer als Nachfolger (Diadochen) des großen Makedonenkönigs. Sie zogen die bedeutendsten Dichter der damaligen Zeit an ihren Hof. Das Museion war aber auch ein Zentrum der Wissenschaften, das vielen berühmten Forschern ein ungehindertes Arbeiten ermöglichte.
Den Dichtern und Gelehrten standen in der riesigen Bibliothek des Museions etwa 700 000 Buchrollen zur Verfügung, die die gesamte Literatur und das gesamte Wissen der Antike enthielten. Bei der Eroberung Alexandrias durch Cäsar im Jahre 47 v. Chr. ist diese gewaltige Bibliothek fast vollständig durch einen Brand vernichtet worden, ein unersetzlicher Verlust.

E 1. Cīvēs urbis antīquae colōniam condere cōnstituunt.
2. Sōle oriente virī conveniunt.
3. Sacerdōte auctōre ā dīs auxilium petunt.
4. Magistrātibus invītīs nēmō ē-migrāre potest.
5. Lūce clārā proficīscuntur.

L **Eine antike Theorie über die Herkunft der Etrusker**

Herkunft und Ursprung der Etrusker sind auch heute noch nicht völlig geklärt. Während der Historiker Dionysios von Halikarnassos die Meinung vertrat, die Etrusker (griech. *Tyrrhēnoí*) seien Ureinwohner Italiens, behauptete der große Geschichtsschreiber Herodot, daß sie aus Lydien (Kleinasien) nach Italien eingewandert seien. Die Geschichte dieser Wanderung rankt sich um Atys, den König von Lydien, und seinen Sohn Tyrrhenos.

Atye rege omnes Lydiae incolae fame vexabantur. Ac primo quidem eam patienter tolerabant, fame autem durante lenire inopiam conabantur. Multis et variis ludis inventis famem depellebant: alii tesseris[1] ludebant, alii talis[2], alii pila[3]. Totum enim diem ludebant, ut cibi cupiditatem reprimerent[4], postridie autem
5 edebant ludo intermisso[5].

Inopia autem crescente omnis Lydorum populus rege Atye auctore in duas partes divisus est; populo diviso altera pars domi remanebat, altera Tyrrheno duce e-migrare constituit. Navibus aedificatis in altum provecti sunt[6], ut novas sedes quaererent.

10 Tandem tranquillo mari in Italiam ad fines Umbrorum pervenerunt, sedes ac domicilia collocaverunt urbibusque conditis magnarum civitatum fundamenta posuerunt. Mutato autem nomine Tyrrheni appellati sunt de illo regis Atyis filio, quo duce colonias in Italiam deduxerant[7].

(nach Herodot)

Ü a) Fülle die Lücken mit jeweils einem der folgenden Ablative:
invitis, duce, adiuvantibus, crescente, vexatis

1. Incolis Lydiae fame ... Atys rex inopiam lenire studuit. 2. Periculo ... vires crescunt. 3. Tyrrheno ... pars populi novas sedes quaesivit. 4. Parentibus ... multi iuvenes Tyrrhenum secuti sunt. 5. Deis ... incolumes ad litus Italiae pervenerunt.

b) Übersetze treffend mit einem Präpositionalausdruck: sole occidente, vere ineunte, Alexandro vivo, me invito, te adiuvante, vobis comitibus, patre inscio, matre absente, praesente medico, amicis hortantibus, Cn. Pompeio M. Crasso consulibus.

c) Welche Tempora werden in den Hauptsätzen von L verwendet? Stelle alle diese Verbformen zusammen.
Welche Schlußfolgerungen lassen sich aus dem Tempusgebrauch ziehen, einmal für die Bedeutung der verwendeten Tempora, dann für die hier vorliegende Erzähltechnik? An welcher Stelle liegt in der Erzählung ein Einschnitt? Wodurch wird dieser Einschnitt inhaltlich und sprachlich markiert?

---

1) *tessera, -ae* Würfel 2) *tālus, -ī* Knöchel 3) *pila, -ae* Ball 4) *reprimere* zurückdrängen, beschwichtigen 5) *intermittere* unterbrechen 6) *in altum prōvehī* auf die hohe See hinausfahren
7) *colōniam dēdūcere* eine Kolonie gründen

d) Substantive mit den Suffixen **-mentum** und **-men** bezeichnen in der Regel ein *Mittel* oder *Werkzeug*. Zu welchen Verben gehören die folgenden Substantive und was bedeuten sie: documentum, frumentum, incitamentum, instrumentum, monumentum, munimentum, ornamentum, tormentum (*aus* torqu-mentum); certamen, hortamen, lumen (*aus* lucs-men), flumen, teg(i)men.

e) Suche auf der Geschichtskarte wichtige etruskische Städte. Stelle ihre antiken Namen den modernen gegenüber.
Welcher Teil des Mittelmeeres heißt heute noch ‚Tyrrhenisches Meer‘?

Z Ein Wort des Horaz für einen wahren Dichter:
TŲ NIHIL ĮNVITĄ DICĘS FACIĘSQUE MINĘRVA.

I Die Etrusker

Der griechische Name lautete *Tyrrhenoí* (Tyrrhenisches Meer), der lateinische *Tuscī* (Toskana) und *Etrūscī*, sie selbst nannten sich *Rasenna* oder *Rasna*.
Die Herkunft der Etrusker (Ureinwohner oder Einwanderer aus Kleinasien) ist letztlich nicht geklärt. Die Schrift der Etrusker können wir lesen, aber nur wenige Wörter ihrer Sprache verstehen.
Die Etrusker waren in Stadtstaaten organisiert, an deren Spitze ein Priesterkönig *(lucumō)* stand. Wie in Rom verschwindet um 500 v. Chr. das Königtum; bis zum Ende der Republik im 1. Jh. v. Chr. gehen die Etrusker im römischen Volk auf.
Entscheidende Kenntnisse der etruskischen Kultur vermitteln die archäologischen Ausgrabungen. Reste von Haus- und Tempelbauten, Plastik und Malerei, Gebrauchsgegenstände des täglichen Lebens erweitern ständig unser Wissen von den Etruskern.
Bronze- und Tonplastiken, gravierte Metallspiegel und Büchsen, vor allem aber Wandmalereien in den Grabkammern führen uns Alltagsleben und Religion dieses rätselhaften Volkes vor Augen.

Auf den folgenden Seiten sind einige Denkmäler der etruskischen Kultur abgebildet:
Seite 26 oben:
Brücke von Vulci, ein römischer Bau aus dem 1. Jh. v. Chr. Die lichte Weite des großen Bogens mißt 20 Meter.
Seite 26 unten links:
Totenstadt von Cerveteri (Caere), mit Tumulusgräbern. Die tiefen Spuren auf dem Weg sind Fahrrinnen für die Räder der etruskischen Leichenwagen.
Seite 26 unten rechts:
Kanal von Ansedonia (Cosa). Der Kanal wurde auf 140 m Länge in den Felsen geschnitten und verband die Hafeneinfahrt mit dem inneren (heute versandeten) Hafenbecken.
Seite 27 oben:
Tonsarkophag für ein Ehepaar, aus Cerveteri, um 530–520 v. Chr. Der Sarkophag ist 141 cm hoch und 191 cm lang. Die Frau trägt einen Hut *(tutulus)* und spitze Schuhe *(calceī repandī)*.
Seite 27 unten:
Wandmalerei in einem Grab in Tarquinia. Zwei Reiter rahmen eine Gruppe von drei Figuren ein, einen schwarzbärtigen Mann mit Trinkschale, der einen flötenspielenden Knaben umfaßt, und eine Frau, die ihre Hände zum Gruß erhoben hat.

E 1. Amīcus mihi cārus est, cārior est frāter, cārissimī sunt parentēs.
   2. Avēs celerēs sunt, celeriōrēs sunt ventī, celerrima est fāma.
   3. Quid est celerius lūce (quam lūx)?

L   **Das frühe Rom und seine Bewohner**

Colles urbis Romae septem erant: colles ad sinistram ripam Tiberis siti humiliores erant, Ianiculus autem mons ad ripam dextram fluminis situs altior. Antiquissima colonia in monte Palatino Palatium vel Roma quadrata[1] appellabatur; Palatium igitur veterrima pars Romae erat.

5 Quamquam Graecorum urbes locupletiores et potentiores erant quam Roma, quamquam Athenae pulchriores, aedificia et templa earum splendidiora, tamen nulla Romanis urbs carior erat Roma. Nam maiores, religiosissimi[2] homines, templa deorum pietate, domos suas gloria ornabant, ut ait Sallustius.

Incolae pauperrimi erant, sed fortissimi et praestantes; bella gesserunt cum hostibus
10 saevioribus. Difficillimum enim est invenire quemquam, qui audacior fuerit Romanis.

Nihil Romani honestius putabant quam fortitudinem in bello, nihil clarius quam consilium bonum in pace. Vita incolarum dura erat, victus simplex; tamen vitam luxuriosiorem[3] aspernabantur, neque divitiis neque pecuniae ampliorem habe-
15 bant honorem quam deis et parentibus, quos animo colebant gratissimo.

Römische Wölfin (sog. Kapitolinische Wölfin, das Wahrzeichen Roms). Lebensgroßes etruskisches Bronzewerk um 500 v. Chr.; die beiden Knaben sind Zutaten der Renaissancezeit.

---

1) *Rōma quadrāta* der älteste, in Form eines Quadrates angelegte Teil der Stadt Rom   2) *religiōsus, a, um* gewissenhaft, fromm 3) *luxuriōsus, a, um* üppig, verschwenderisch

Ü a) Nenne zu allen Komparativen und Superlativen in L den Positiv.
An welchen Stellen ist im Deutschen für den Komparativ eine Übersetzung mit ‚zu, allzu, etwas usw.' zu verwenden? Wo liegen echte Superlative, wo Elative vor?

b) Bilde zu den folgenden Positiven die in Kasus, Numerus und Genus entsprechenden Komparativformen:

divite, felici (2), utilium, audacis, fortes, nobilibus, celebrem, pulchra (2), obscuras, gratos, foedum (2), crebrarum.

c) Suche für die folgenden Ausdrücke möglichst viele treffende deutsche Übersetzungen:
flos pulcherrimus, opus facillimum, vir prudentissimus – caelum asperius, mons altior, verba obscuriora.

d) Übersetze und erkläre an den verwendeten Beispielen die Bildungsmöglichkeiten des Superlativs im Lateinischen:

Cum adulescens et superbissimus et pigerrimus (piger, -gra, -grum *faul, träge*) regem Spartiatarum rogavisset, quis dignissimus in civitate esset, ille statim respondit: „Tibi dissimillimus".

e) Wörter, die von derselben Wortwurzel abgeleitet sind, gehören zur gleichen **Wortfamilie**, z. B.   *ama-re, am-or, ama-bilis, ama-bili-tas*
         lieb-en Lieb-e lieb-lich Lieb-lich-keit
(auch *amic-a, amic-us* und *amic-itia* gehören zu dieser Familie).

f) Das Substantivsuffix **-or** bezeichnet ein *Geschehen* oder ein *Ergebnis*, das Adjektivsuffix **-idus** einen *Zustand* oder eine *Beschaffenheit*. Ergänze nach dem Beispiel der ersten Zeile die freien Stellen der folgenden Zeilen:

1. a)	timere	b)	timor	c)	timidus
2. a)	....	b)	......	c)	validus
3. a)	horrere	b)	......	c)	....
4. a)	....	b)	pavor	c)	....
5. a)	....	b)	......	c)	splendidus

g) Viele Adjektive und Adverbien können bisweilen auch durch ein vorgesetztes **per-** in ihrer Bedeutung verstärkt werden, z. B. *magnus* groß, *per-magnus* sehr groß.
Suche einen treffenden Ausdruck für die folgenden Adjektive bzw. Adverbien: perantiquus, perbrevis, perfacilis, pergratus, permolestus, permulti, perpauci, pervetus; perbene, perlibenter, permale, persaepe.

Z BONA OPINIO HOMINUM TUTIOR
   PECUNIA EST.
FORTUNA SIMILLIMA VENTO.
BREVIS IPSA VITA EST, SED
   MALIS FIT LONGIOR.
GRAVISSIMUM EST IMPERIUM
   CONSUETUDINIS.
MISERRIMUM EST ARBITRIO
   ALTERIUS VIVERE.
NOCERE POSSE ET NOLLE
   LAUS AMPLISSIMA EST.

cōnsuētūdō, -inis Gewohnheit
arbitriō alterīus nach der Willkür eines anderen
nōlle nicht wollen

29

81

E 1. Eurōpa magna est, Āfrica māior est, māxima est Asia.
2. Nihil melius est linguā (quam lingua), nihil peius; nam optimum et pessimum in homine est lingua.
3. Salūs populī suprēma lēx sit!
4. Hominēs celeriter currunt, canēs celerius, equī celerrimē.

L₁ **Die altrömische Familie**

Romanis antiquis plurimi liberi erant, sed quo plures liberos habebant, eo difficilius erat nominibus eos appellare. Quare filios distinguebant numeris, ut (filium) Quintum, Sextum, Septimum, Decimum. Liberi minores natu a matre educabantur, optima magistra[1]; temporibus posterioribus magistri puerorum maiorum
5 Graeci erant, quorum auctoritas minima erat, cum servi essent.
Maximo in honore maiores erant, quorum imagines e cera factae in atrio conspiciebantur. Quo amplior erat gens, quo vetustior et nobilior, eo maior imaginum numerus.

L₂ **Die Völker Altitaliens**

Italiam superiorem olim incolebant Galli; quam partem Italiae citra[2] Alpes sitam Romani Galliam citeriorem[3] vel Cisalpinam[2] appellabant, partem autem ultra Alpes sitam Galliam ulteriorem vel Transalpinam[4]. Romanorum finitimi erant Etrusci, habitantes in media Italia, quos prioribus saeculis ex Asia in Italiam im-
5 migra(vi)sse Herodotus narrat. Interiores Italiae partes Sabini incolebant, Aequi aliaeque nationes. Inferiorem Italiam Romani ‚Magnam Graeciam‘ nominabant, quod Graeci plurimas eo colonias deduxerant[5] quodque Graecia ipsa minor erat illis regionibus. Urbi Romae proximae erant Neapolis et Cumae, coloniae Graecae in Italia veterrimae.
10 Peioribus patriae agris relictis Graeci in Italia Siciliaque plurimos portus optimosque agros occupaverunt.
Coloniae primo erant minimae, postea maximae, opulentissimae, potentissimae sicut Syracusae, quarum incolae plures naves habebant pluresque opes quam ceteri Graeci.
15 Magna Graecia in potestatem Romanorum redacta imperium Romanum usque ad extremos Italiae fines patebat.

Ü a) Ordne den Komparativ zum entsprechenden Positiv, ergänze den Superlativ und übersetze:

1. multum 2. magnus 3. parvus 4. multi 5. bonus 6. malus
a) melior b) plures c) maior d) peior e) minor f) plus

---

1) *magistra, -ae* Lehrmeisterin, Lehrerin 2) *citrā, cis* Präp. mit Akk. diesseits; *cisalpīnus, a, um* zisalpinisch (diesseits der Alpen liegend) 3) *citerior, -ōris* der diesseitige 4) *trānsalpīnus, a, um* transalpinisch (jenseits der Alpen liegend) 5) *colōniam dēdūcere* eine Kolonie gründen

30

b) Fülle die Lücken mit jeweils einer der folgenden Steigerungsformen sinnvoll aus: minima, optima, audacius, peius, brevissima, melius, maximae

1. Quid ... est quam pax, quid ... quam bellum? 2. Hoc consilium ... tibi nocebit. 3. ... res saepe causa ... discordiae fuit. 4. Via ... non semper via ... est.

c) Schreibe aus den folgenden Formen alle Komparative und Superlative in der vorliegenden Reihenfolge heraus. Die Anfangsbuchstaben der in zwei Spalten untereinandergeschriebenen Wörter ergeben von oben nach unten bzw. von unten nach oben gelesen einen lateinischen und einen deutschen Begriff der Grammatik: atrocis, celebriores, vehementissime, potentes, obscuriora, gratorum, celeriter, integerrimos, miserius, nobilium, turpissima, potentiorem, constanti, aegerrimam, iuste, acriora, levissimum, rarioris, breve, asperiorem, rarissimi, egentissimus, fortiter, tristius, varius, pauperrimae, parvae, privatum, utilissimo, iucundioris, vera, vetustior, vacuus, utiliore, simillimos, severius, impius.

d) Setze die folgenden Adverbien in den Komparativ und Superlativ: grate, facile, pulchre, bene, male, celeriter, breviter, feliciter, valde, vehementer, constanter, multum, paulum.

e) Die Namen etlicher Städte am Mittelmeer lassen erkennen, daß es sich um griechische Gründungen handelt. Ordne die heutigen Namen den griechischen Namen zu und suche die Städte auf der Geschichtskarte:

1. Katane	a) Palermo	6. Rhegion	f) Nizza
2. Messana	b) Taormina	7. Nikaia	g) Antibes
3. Taras	c) Messina	8. Akragas	h) Reggio
4. Tauromenion	d) Catania	9. Massalia	i) Agrigento
5. Panormos	e) Tarent	10. Antipolis	k) Marseille

Z   Eigenschaften eines idealen Römers:

Paucae gentes nobiliores fuerunt gente Metello-
rum. Notissimus eorum est Q. Metellus,
qui in ea oratione celeberrima,
quam habuit supremis laudibus patris sui   *suprēmīs laudibus* bei der letzten Ehrung
5   L. Metelli,
scriptum reliquit
decem maximas res optimasque patrem
consummasse: *cōnsummāre* in sich vereinigen
voluit enim pater   *voluit* er wollte
10   primus miles esse,
optimus orator,
fortissimus imperator,
auspicio suo maximas res geri,   *auspiciō suō* unter seiner Leitung
maximo honore uti,
15   sapientissime vivere,
summus senator haberi,
pecuniam magnam bono modo parare,
multos liberos relinquere,
clarissimus in civitate esse.
             (Plinius, Naturkunde VII 139 f.)

Römische Spruchweisheit:

SUMMUM IUS, SUMMA INIURIA.

USUS EST MAGISTER OPTIMUS.

MINIMA NON CURAT PRAETOR.

DOMUS PROPRIA, DOMUS OPTIMA.   *proprius* eigen

POSTREMUS DICAS, PRIMUS TACEAS.

DISCIPULUS EST PRIORIS POSTERIOR DIES.

I   Die Namengebung bei den Römern

In der Frühzeit führten die Römer nur einen Namen, unter dem Einfluß der Etrusker jedoch ging man dazu über, mehrere Namen zu gebrauchen: zum Vornamen *(praenōmen)* trat der Geschlechtsname *(nōmen gentīle, gentīlicium)*, später kam zur weiteren Unterscheidung noch ein Beiname *(cognōmen)* hinzu.
Am Ende der Republik (1. Jh. v. Chr.) bestand ein römischer Männername aus fünf Teilen, z. B.

1	CN(aeus)	*praenōmen*
2	POMPEIUS	*nōmen gentīlicium*
3	CN(aei) F(ilius)	Name des Vaters im Genitiv
4	CLU(stumina)	Name der Tribus (Bezirk)
5	MAGNUS	*cognōmen*

Meist wurden jedoch nur die Namen 1, 2 und 5 verwendet.

– Das *praenōmen* bezeichnete den einzelnen Römer innerhalb seiner Familie. Frauen und Sklaven hatten keinen Vornamen. Die Zahl der *praenōmina* war gering (vgl. G 81d).
– Das *nōmen gentīlicium* gab die Zugehörigkeit zu einer bestimmten Familie bzw. Sippe *(gēns)* an.
– Das *cognōmen* ergänzte den Vornamen; es konnte in manchen Familien vererbt werden und diente, vor allem beim Adel, zur Unterscheidung einzelner Familien innerhalb einer weitverzweigten Gens (z. B. Scipio oder Sulla bei der *gēns Cornēlia)*. Ursprünglich drückte der Beiname eine körperliche oder geistige Besonderheit seines Trägers aus, z. B. Flaccus *Schlappohr*, Plautus *Plattfuß*, Crassus *Fettwanst*, Cicerō *Kichererbse* (wohl nach einer Warze). Das *cognōmen* wurde mit der Zeit in der Familie erblich.
– Frauen trugen nur den Namen ihrer Gens. Gab es in einer Familie mehrere Töchter, so erhielten sie zur Unterscheidung den Zusatz *prīma, secunda* usw.
– Adoptivnamen: Wurde ein Römer adoptiert, so führte er seinen ursprünglichen Gentilnamen mit der Nachsilbe *-ānus* (leiblicher Sohn des …) hinter dem *cognōmen* weiter.
– Ehrennamen: Berühmte Leute konnten aufgrund besonderer Verdienste zusätzliche Ehrennamen erhalten.

Beispiel für römische Namenbildung:

1. Marcus Tullius Cicero, Gaius Iulius Caesar, Lucius Cornelius Sulla, Cnaeus Cornelius Scipio.

2. Frauennamen: Cornelia, Valeria, Tullia, Aemilia, Octavia.

3. ein umfangreicher Name:

PUBLIUS CORNELIUS SCIPIO AEMILIANUS AFRICANUS NUMANTINUS
praenōm.   *nōm. gent.*   *cognōm.* *Hinweis auf*   *Ehrenname*   *Ehrenname*
                                         Adoption

Links oben: Goldglasporträt einer Mutter mit ihren Kindern, aus einem silbernen Vortragekreuz. Brescia. Durchmesser 6 cm. Um 325 n. Chr. Mutter (Mitte) und Kinder sind festlich gekleidet, die Tochter trägt eine Halskette und Ohrgehänge aus Perlen. Die griechische Inschrift *Bounneri kerami* könnte auf den Gatten und Familienvater, Vumerius Ceramus, hinweisen.

Rechts oben: Grabdenkmal eines Ehepaares. 1. Jh. n. Chr. Mainz, Römisch-Germanisches Zentralmuseum. Das Denkmal wurde in Mainz-Weisenau gefunden. Die Abbildung zeigt die Kopie im Saalburgmuseum. Die kräftigen Farben, die nicht nur schmücken, sondern auch die Haltbarkeit des Steins erhöhen sollten, sind hier nach erhaltenen Farbspuren ergänzt.
Der Mann trägt einen Leibrock, darüber einen ärmellosen Mantel, an den Füßen Sandalen. Seine linke, ringgeschmückte Hand hält eine Blume.
Die Frau trägt eine Tunika, ein viereckiges Manteltuch und geschlossene Schuhe. Sie ist mit einer kostbaren Halskette, einem Armband und vier Ringen an der linken Hand reich geschmückt.

Rechts unten: Marmorstatue eines Römers in der Toga (,Togatus') mit Ahnenbildnissen. Höhe 1,65 m. Aus augusteischer Zeit. Rom, Konservatorenpalast. Ahnenbüsten wurden vor allem bei Leichenbegängnissen berühmter Römer zur Schau gestellt. Der Kopf des Togatus ist später ergänzt.

82

E
1. Fortēs fortūna adiuvat – fortēs ā fortūnā adiuvantur.
2. Nēmō mortem effugere potest.
3. Senem āctōs labōrēs nārrāre iuvat, iuvenem suscipere et cōnficere negōtia decet.
4. Crēscentem sequitur cūra pecūniam.
5. Līberī mortem patris graviter dolent.

L **Aus der Frühzeit der römischen Republik**

Tarquinio Superbo, ultimo Romanorum rege, expulso populus Romanus libertatem assecutus est. L. Iunius Brutus et L. Tarquinius Collatinus, ut populum adiuvarent eiusque adversarios persequerentur, consules creati sunt.

Plebe ad contionem convocata Brutus: „Numquam patiemur", inquit, „libertatem
5 populo Romano deesse. Populus autem solidam libertatem tamdiu non consequetur, quam¹ Tarquinii in civitate erunt."

Et conversus ad Collatinum: „Neminem fugit te mecum reges eiecisse; tamen, cum e gente Tarquinia sis, abi ex urbe! Ita omnes iuvabit cum gente Tarquinia etiam regnum hinc abiturum esse. Res tuae te non deficient, sed me auctore
10 reddentur tibi a civibus."

Talibus verbis obsecutus² Collatinus e civitate cessit omnesque Tarquinii eum secuti sunt.

Post sexaginta annos, cum aequa iura populo a patribus negarentur³, plebs in Montem Sacrum secessit. Patres autem secessionem plebis indignabantur et
15 salutem civitatis desperabant. Cognoverunt enim plebem secessione facta bellum parare iniuriamque a patribus acceptam ulcisci posse. Quare Menenium Agrippam, virum plebi carum, ad Montem Sacrum miserunt. Qui illa fabula de ventre membrisque narrata plebis mentem ita flexit, ut statim reditum cogitarent.

(nach Livius)

Ü a) *adiuvo te*   ich unterstütze dich   = ich helfe dir
adiuvaris a me   du wirst von mir unterstützt = dir wird von mir geholfen

Fahre in dieser Weise fort:

adiuvas me, adiuvat amicum, adiuvamus vos, adiuvatis nos, adiuvant amicos.

b) Ersetze durch die entsprechende Form von *iuvat*:

gaudeo, gaudemus, gaudet, gaudetis, gaudebit, gavisi sunt.

c) Setze in den richtigen Kasus:

1. Adiuvate libenter (miseri)! 2. Valde (ego) iuvat te venisse. 3. Quid (tu) deficit?
4. Pecunia (ego) deficit. 5. Socii (Romani) defecerunt. 6. Fugiamus (insidiae)! 7. Fugit hora mortis (homo). 8. Gloria (virtus) sequitur. 9. (Omnes) decet negotia conficere.
10. Aliud (iuvenis) decet, aliud (senex).

---

1) *tamdiū ... quam* so lange ... wie   2) *obsequī alicui* einem nachgeben, gehorchen   3) *negāre* hier: verweigern

d) Suche aus L die Ablativi absoluti heraus und übersetze sie auf verschiedene Weise.

e) Übersetze die folgenden Ausdrücke mit der jeweils treffenden deutschen Bedeutung des Verbums *petere* (nach etwas streben, begehren, erbitten, wünschen, sich bewerben, eilen, holen, suchen, angreifen):

gloriam petere, veniam petere, auxilium petere, regnum petere, urbem petere, magistratum petere, hostes petere, fuga salutem petere, aquam petere, amicitiam petere.

f) Die Erzählung vom Magen und den Gliedern (vgl. I) wird als Fabel bezeichnet. Welche Gestalten kommen üblicherweise in Fabeln vor?

g) Gib mit eigenen Worten die ‚Fabel‘ des Menenius Agrippa wieder und versuche ihren Sinn zu deuten.

I Die Fabel vom Magen und den Gliedern

Während der Ständekämpfe schloß sich die Plebs von Rom aus Empörung über die Rechtsunsicherheit, die drückende Schuldenlast und die politische Rechtlosigkeit zusammen und wanderte der Überlieferung nach im Jahre 494 v. Chr. auf den etwa 5 km nördlich von Rom gelegenen Heiligen Berg aus *(sēcessiō plēbis in Montem Sacrum)*. Um die drohende Spaltung des römischen Volkes zu verhindern, schickten darauf die Patrizier Menenius Agrippa, einen angesehenen Plebejer, zu seinen Standesgenossen. Dieser soll mit der folgenden ‚Fabel‘ die Plebejer zur Rückkehr nach Rom veranlaßt haben:
„Es gab einmal eine Zeit, da war im Menschen nicht alles in Harmonie aufeinander abgestimmt, sondern die einzelnen Teile des Körpers konnten eigene Entscheidungen treffen. So empörten sich die Körperteile über den Magen, weil dieser, in der Mitte des Körpers ruhend, nur zu seinem Vergnügen da sei, während sie für ihn unter großer Mühe die Nahrung herbeischaffen müßten. Die Glieder des Körpers machten also eine Verschwörung: die Hände weigerten sich, die Nahrung zum Munde zu führen, der Mund weigerte sich, diese anzunehmen, die Zähne lehnten es ab, das zu verarbeiten, was sie bekamen. Aber gerade durch diese Weigerung und den Wunsch, den Magen durch Hunger niederzuzwingen, gerieten die Glieder selbst und der ganze Körper an den Rand der Auszehrung. So wurde offenbar, daß auch die Aufgabe des Magens nicht sinnlos ist, sondern daß er wohl selbst ernährt wird, aber auch seinerseits den Körper ernährt und ihn mit der lebensnotwendigen Energie versorgt.“
Durch diesen Vergleich zwischen dem Aufruhr im Körper und dem Aufstand der Plebejer gegen die Patrizier habe – so berichtet der Historiker Livius – Menenius die Plebs umgestimmt.

(nach Livius II 32, 8–12)

Z Ein bedeutendes Vorzeichen aus alten Zeiten:

Tarquinius Superbus cognomen moribus meruit.
Occiso Servio Tullio regnum sceleste occupavit.
Tamen bello strenuus Latinos Sabinosque   *strēnuus* tatkräftig
    domuit.
5 Cloacam Maximam fecit,
    ubi totius populi viribus usus est,
    unde illae fossae Quiritium sunt dictae.   *fossa* Graben
    Cum Capitolium inciperet,   *Capitōlium* gemeint ist der Tempel des
    caput hominis invenit,   Jupiter Capitolinus
10 unde cognitum eam urbem caput gentium
    futuram.
    (S. Aurelius Victor, Von berühmten Männern 8)

83

E 1. Gallī Alpēs trānscendērunt cōpiāsque Padum trāiēcērunt.
    2. Metus multōs Rōmānōs invāsit, cum Gallī urbem inīrent.
    3. Sed iuvenēs adventū Gallōrum nihil mōtī sunt.

L   **Die Gallier bedrohen Rom**

Gallier waren zu Beginn des 4. Jhs. v. Chr. aus dem Gebiet des heutigen Frankreich nach Süden auf-
gebrochen, hatten die Alpen überschritten und wollten sich in Oberitalien niederlassen. Es gab
zahlreiche gallische Stämme; einer von ihnen waren die Senonen.

Senones, civitas Gallorum ferox, iam multos labores subierant. Postquam copias
Padum traiecerunt, per totam Italiam vagabantur agrosque sociorum Romanorum depopulabantur[1]. Quare socii senatum adibant, ut auxilium mitteretur.
Legati Romanorum ad Gallos missi nihil profecerunt; Galli ferocius agere
5 coeperunt, agmen a Clusio urbe, quam tum obsidebant, averterunt, Romam
petiverunt.
His Fabius consul cum exercitu ad Alliam flumen occurrit proeliumque iniit.
Devicto autem Romanorum exercitu magnus Romanos metus invasit, cum Galli
urbi Romae appropinquarent. Erant nulla praesidia.

Nach der Niederlage des römischen Heeres waren die Einwohner Roms, das noch keine Mauer
besaß, dem Feind ausgeliefert. Viele waren in die Nachbarstadt Veji geflohen. Nur die übriggeblie-
benen wehrfähigen Männer hatten sich in die Festung auf dem Kapitol zurückgezogen.

10 Barbari urbem inierunt, tecta incenderunt, omnia deleverunt.
Cum nocte quadam Galli id studerent, ut arcis murum transcenderent, Manlius,
vir fortissimus, clamore anserum[2] excitatus eos de summa rupe[3] deiecit.
Barbari cum obsidione nihil contra Romanos valerent, mille pondo[4] auri postula-
bant; dux eorum ad iniqua pondera[5] gladium addidit et insuper[6] illud „Vae[7]
15 victis!" clamavit. Camillus autem, Romanorum dux, ratus est se patriae plurimum
prodesse posse; quare nihil territus copias coegit Gallosque aggressus est. Ita
omnes consentiunt victoriam Romanos assecutos esse non tantum anserum[2] vigilantia[8], sed maximam partem virtute Romana.

(nach Florus)

▶ Zu L 11 f. lies den Abschnitt ‚Konstruieren' S. 121 f.

Ü a) Übersetze: 1. Labores et pericula adeamus! 2. Patres curiam ineunt. 3. Galli consilium
inierunt, ut in urbem Romam invaderent. 4. Consules Kalendis Ianuariis *(am
1. Januar)* magistratum inibant. 5. Themistocles sexaginta quinque annos natus mortem obiit. 6. Parvas res silentio praeterire solemus. 7. Naves portum praeter-vectae
sunt.

---

1) *dēpopulārī* verheeren, plündern 2) *ānser, -eris* Gans 3) *rūpēs, -is* Fels(wand) 4) *mille pondō*
(indekl.) tausend Pfund 5) Die Gallier hatten ungleiche, d. h. falsche Gewichte zum Wiegen der
Lösesumme herbeigebracht. 6) *īnsuper* Adv. darüber, überdies 7) *vae!* wehe! 8) *vigilantia,
-ae* Wachsamkeit

b) Suche aus den folgenden Sätzen die sog. inneren Objekte und die adverbialen Akkusative heraus: 1. Id non dubito. 2. De tua fide semper dubitavi. 3. Hoc omnes consentiunt. 4. Quid hoc fecisti? 5. Illud vos admonemus. 6. Industria et diligentia multum possumus. 7. Multum tibi prosum. 8. Plurimum nobis profuistis.

c) Suche aus den folgenden Adverbien diejenigen heraus, deren Ausgänge einen Akkusativ erkennen lassen: clam, protinus, profecto, palam, paulatim, tantum, omnino, subito, demum, statim, cito, merito, ceterum, penitus, postremo, paulum, iterum.

d) Wo liegt in L die Stilfigur des Trikolon vor?

e) Das meist an Verbalstämme angefügte Suffix **-or** bezeichnet gewöhnlich ein *Geschehen* oder ein *Ergebnis* (vgl. Ü 80f). Erschließe unter Angabe der jeweiligen Verben die Bedeutung der folgenden Substantive: amor, clamor, error; ardor, dolor, favor, horror, splendor, terror, timor, vigor.

f) M. Furius Camillus wurde der zweite Gründer Roms nach Romulus genannt. Wie kam es zu dieser Meinung? Kann man ihr zustimmen?

Wenn man den Namen Gallier hört, denkt man wohl an das heutige Frankreich. Gallier oder Kelten, wie sie sich selbst nannten, wohnten aber auch in Spanien, England und Schottland sowie im Nordteil der Apenninhalbinsel. Auch Süddeutschland war von Kelten besiedelt. In Manching bei Ingolstadt wurde ein keltisches ‚oppidum‘ ausgegraben. Im Jahre 387 v. Chr. wurde Rom von Galliern erobert. Später zogen Kelten auch nach Griechenland. Das keltische Volk der Galater kam sogar bis nach Kleinasien und gründete dort ein Reich. Noch im 1. Jh. n. Chr. schrieb der Apostel Paulus einen ‚Brief an die Galater‘. Als Cäsar Gallien für das römische Reich gewann, mußten die Römer harte Kämpfe mit diesem alten Kulturvolk bestehen. Die Sitten und Bräuche der Gallier beschreibt Cäsar in seinem Werk ‚De bello Gallico‘. Hier lernen wir auch viele gallische Namen kennen, die häufig auf -ax und -ix enden, wie Segovax, Ambiorix, Dumnorix, Cingetorix, Eporedorix, Lugotorix, Viridovix. Der Führer des Widerstandes gegen die Römer war Vercingetorix, den die Franzosen noch heute als Nationalhelden verehren.

E 1. Nēmō ante mortem beātus dīcī potest.
2. Sicilia inter Italiam et Āfricam sita est.
3. Meritō reprehenduntur (iī), quī contrā rem pūblicam, contrā parentēs, contrā deōs agunt.
4. Virtūtem appetimus per sē ipsam.

L₁ Der Konsul Regulus hält sein Wort

Der Konsul M. Atilius Regulus war in Afrika durch einen Hinterhalt in Gefangenschaft geraten.
Die Karthager schickten ihn zu Friedensverhandlungen nach Rom mit der Auflage zurückzu-
kehren, falls er keinen Friedensvertrag zustandebringe. Vor dem Senat führte Regulus aus:

„Carthaginienses, patres conscripti, per me vos admonent, ut pacem faciatis
captivosque reddatis. Sed penes¹ vos omnis potestas est. Quam ob rem vos per
deos obsecro², ne captivos dimittatis. Illi adulescentes sunt, ego iam confectus
sum senectute. Tamen per aetatem non recusabo ad Poenos redire, quia eos per
5 fidem fallere in animo non habeo."
Quod cum dixisset, captivi retenti sunt. Ipse Carthaginem³ rediit, cum putaret
imperatoris esse secundum leges agere et ius iurandum servare. Reversus ad
Poenos, quorum crudelitas⁴ omnium ob oculos versabatur, necatus est. Ita fide
servata Regulus perfidia⁵ Punica periit.

(nach Cicero und Livius)

L₂ Hannibal macht seinen Soldaten Mut

Hannibal verließ nach der Eroberung der mit Rom verbündeten spanischen Stadt Sagunt im
Sommer 218 v. Chr. Spanien, um auf dem Landweg über die Alpen nach Italien zu ziehen.

Intra paucos dies Hannibal cum exercitu in iugum Alpium pervenit, ubi fessis
supra modum militibus quies data est. Infestae Gallorum civitates, ignoti montes,
ingentes etiam nives, quae omnia intra paucas horas oppleverant⁶, maximum
militibus terrorem iniecerunt. Cum desperatio⁷ in omnium vultu emineret,
5 Hannibal in promunturio⁸ quodam contione advocata ita fere locutus est:
„Ultra Alpium montes, milites, Italia vos exspectat, quae vos victores excipiet.
Nihil tolerabitis ultra modum, nihil ultra vires! Omnes populi, qui trans Alpes
incolunt, contra Romanos coniuraverunt. Maximam erga nos benevolentiam
praestabunt, si liberati erunt servitute Romana."
10 Procedere inde agmen coepit.

(nach Livius)

Ü a) Übersetze die folgenden Präpositionalausdrücke und ordne sie nach ihrer Verwen-
dungsweise in eine Tabelle ein (Muster unten):

supra modum, per decem dies, ultra Padum, fides erga populum Romanum, extra
portam, praeter castra, secundum naturam, infra oppidum, usque ad illum diem, trans

---

1) *penes* Präp. mit Akk. im Besitz, in der Gewalt von 2) *obsecrāre* beschwören, anflehen
3) *Carthāginem* nach Karthago 4) *crūdēlitās, -ātis* zu *crūdēlis, -e* 5) *perfidia, -ae* zu *perfidus, a,
um* 6) *opplēre* dicht bedecken 7) *dēspērātiō, -ōnis* zu *dēspērāre* 8) *prōmunturium, -ī* Bergvor-
sprung

montes, intra muros, inter horam tertiam et quartam, supra lacum, intra decem annos, per dolum, inter urbem et flumen, contra ius gentium, ante nostram memoriam, ultra modum, ante lucem, contra hostes pugnare, inter nos amicitia est, contra eas regiones

örtlich	zeitlich	übertragen

b) Übersetze: 1. In insula quadam prope Siciliam sita mons est, ex cuius vertice interdum ignes e-rumpunt. Propter metum incolae hanc insulam reliquerunt. 2. Venti adversi erant. Ob eam rem (causam) nautae navigare non poterant. 3. Dionysius tyrannus per totam urbem speculatores *(Spione)* dis-posuit, cum per totam vitam insidias timeret. 4. Per valetudinem te convenire non possum. 5. Antiquis temporibus Tiberis praeter urbem Romam fluebat, nostra aetate per urbem. 6. Liberi, qui ambulaverunt, parentibus narrant: Primo secundum flumen iimus. Circa meridiem ad lacum pervenimus. Inde per hortos amplos domum revertimus. 7. Secundum naturam vivere debemus.

c) Was ist die hervorragendste Eigenschaft des Regulus?
Worin sieht er die Aufgaben eines vorbildlichen Feldherrn?
Welche Folgen hätte ein gegenteiliges Verhalten des Regulus gehabt?

d) Wodurch wird das karthagische Heer auf seinem Marsch nach Italien behindert? Wie reagieren die karthagischen Soldaten auf die Strapazen? Welche Worte des Textes charakterisieren ihre Stimmung?
Auf welcher Seite der Alpen befindet sich das karthagische Heer, als Hannibal seine Rede hält? Wie bewegt Hannibal seine Soldaten zum Weitermarsch? Weshalb ist Hannibal trotz der hohen Verluste, die der Alpenübergang erfordert hat, so siegessicher?

Z Kurzbiographie Hannibals:

Hannibal, Hamilcaris filius, novem annos natus   *novem annōs nātus* neun Jahre alt
a patre aris ad-motus
odium in Romanos perenne iuravit.   *perennis, -e* dauernd, beständig
Deinde socius et miles in castris patri fuit.
5   Mortuo eo causam belli quaerens
Saguntum Romanis foederatam intra sex   *foederātus* verbündet – *mēnsis, -is* Monat
    menses evertit.   *ēvertere* umstürzen, zerstören
Tum Alpibus patefactis in Italiam traiecit.   *patefacere aliquid* sich einen Weg durch
In Africam re-vocatus ibique a Scipione   etwas bahnen
10   superatus
ad Antiochum regem Syriae confugit   *cōnfugere* (sich) flüchten
eumque hostem Romanis fecit;
quo victo ad Prusiam regem Bithyniae concessit;
unde Romana legatione repetitus   *lēgātiō* Gesandtschaft
15   hausto veneno absumptus est.   *absūmī* umkommen, sterben
    (S. Aurelius Victor, Von berühmten Männern 42)

E
1. Vir sapiēns fortūnam aequō animō fert (feret, tulit).
2. Quod fortūna fert, ferāmus!
3. Hominēs hōc ūnō ā bēstiīs differunt, quod ratiōnem habent.
4. Nē distuleris officia in proximum diem! Nam quod differtur, nōn aufertur.
5. Relāta referō.

L **Fleiß ist keine Hexenkunst**

Plinius d. Ä. erzählt eine nachdenklich stimmende Geschichte über einen Freigelassenen und Landwirt aus der Mitte des 2. Jhs. v. Chr., der wegen Zauberei angeklagt wurde:

Unum exemplum antiquitatis[1] afferam, ex quo intellegi possit, qualis apud maiores agricultura fuerit; sic conferri possunt illi viri cum nostra aetate.
C. Furius Cresimus e servitute liberatus, cum parvus eius ager multo[2] largiores fructus ferret quam amplissimi agricolarum vicinorum agri, in invidia erat
5   magna, tamquam si fruges abstulisset veneficiis[3].
Quam ob rem a Spurio Albino aedile dies ei dicta est; metuensque Cresimus damnationem[4], cum in suffragium oporteret ire, instrumenta rustica omnia in forum attulit: ferramenta[5] egregie facta, graves ligones[6], vomeres[7] ponderosos[8], boves saturos[9], familiamque suam adduxit, quae valetudine bona et veste differe-
10 bat ab aliis.
Tum dixit: „Veneficia[3] mea, Quirites, haec sunt, nec possum vobis ostendere aut in forum conferre lucubrationes[10] meas vigiliasque et sudores. Talia mea veneficia[3] vobis offero. Vos autem conferte labores cum aliorum vita, ut tollantur suspiciones in me collatae." Omnium sententiis itaque absolutus laudibusque
15 elatus est, omnesque sublatae sunt suspiciones.

(nach Plinius d. Ä.)

▶   Zu L 6–10 lies den Abschnitt ‚Analysieren' S. 122 f.

Ü   a) Setze die passende Form von *ferre* bzw. einem Kompositum davon ein:
   1. Servus onus grave … 2. Hoc iter in aliud tempus …! 3. Croesus maximas divitias …
   solebat. Hodie quoque hominem divitissimum cum Croeso … 4. Dominus convivis
   vinum … 5. Qui nuntiat ea, quae ipse non vidit, interdum dicit: „Relata …" 6. Apud
   Romanos corpora mortuorum extra urbem … In funere plerumque filius facta et virtutes patris mortui laudibus …

   b) Ersetze die folgenden Formen durch die entsprechenden Formen von *ferre*: portas,
   portatis, portaris, portatur, portent, portabamus, portarem, portarentur, portabo, porta-
   beris, porta, portate, portare.

   c) Bilde nebeneinander eine Tempusreihe in der 2. Pers. Sg. von *sumere* und *auferre*.

---

1) *antīquitās, -ātis* alte Zeit, Altertum   2) *multō* (Abl.) um vieles, viel   3) *venēficium, -ī* Zauberei
4) *damnātiō, -ōnis* zu *damnāre*   5) *ferrāmenta, -ōrum* Eisengeräte, eisernes Werkzeug   6) *ligō,
-ōnis* m. Hacke, Haue   7) *vōmer, -eris* m. Pflug(schar)   8) *ponderōsus, a, um* schwer   9) *satur,
-ura, -urum* satt   10) *lūcubrātiō, -ōnis* Nachtarbeit

Römische Bauern mit Pferden und Kühen beim Dreschen.
Mittelstück eines Fußbodenmosaiks aus Zliten an der Küste von Tripolis (Libyen). Um 200 n. Chr.
Tripolis. Im Bildhintergrund ist eine *villa rūstica* zu erkennen.

d) Bilde das Passiv zu: fers, ferunt, ferebam, ferret, feret, ferre.

e) Unterscheide: ferre, fere, ferret, feret, fero, fore, ferro, vero, ver, fer, fers, ferte, forte,
fertis, fortis, ferri, feri, veri, ferris, fertur, feratur, ferretur, feretur, ferentes, ferimus,
ferremus, ferebat.

f) Setze ins Perf. Akt. und verwandle dann ins Präs. und Perf. Pass.:

1. Nuntium gratum tibi affero. 2. Piratae magnam praedam auferunt. 3. Miseris libenter
auxilium offerimus.

g) Gib die lateinische Wurzel an und erkläre:

Differenz, indifferent; Ablativ; kollationieren; Superlativ; Offerte; Referent, Referat
(‚er möge berichten‘), Relativpronomen; Transfer.

h) Vergleiche: ferre – fortuna – Luzifer (‚Morgenstern‘) – aquilifer *(zu* aquila, -ae *der
Legionsadler)* – signifer – mortifer – frugifer – fruchtbar – Bahre.

E
1. Quae volumus, crēdimus libenter.
2. Sī omnibus placēre vultis, nēminī placēbitis.
3. Aut prōdesse volunt aut dēlectāre poētae.
4. Idem velle atque idem nōlle, ea dēmum firma amīcitia est.
5. Nōtum est illud: Nōlī mē tangere!

L   **Pyrrhos – ein Eroberer aus Griechenland**

Die Römer führten in Unteritalien Krieg gegen die Griechenstadt Tarent. Die Tarentiner riefen König Pyrrhos von Epeiros zu Hilfe. Dieser setzte mit seinem Heer nach Italien über.
Großen Einfluß bei Pyrrhos hatte der Thessaler Kineas; er wurde für schwierige diplomatische Missionen verwendet. Mit Recht konnte Pyrrhos sagen, Kineas habe mit seiner Beredsamkeit mehr Städte erobert als er selbst mit Waffengewalt.

CINEAS, cum aliquando in colloquio cognovisset Pyrrhum potiri velle tota Italia, quam post Gallorum discessum nemo hostis ingressus erat, ad regem versus:
Superatis Romanis ad quid victoria uti volemus?
PYRRHUS: Nemo paratus erit ad resistendum[1], cum totius Italiae oppida ad unum
5   omnia subiecero.
CINEAS: Quid agere vis Italia subacta?
PYRRHUS: Prope Italiam sita est Sicilia, quam deinde armis occupare volo.
CINEAS: Sicilia occupata quid agere voles?
PYRRHUS: Bella, quae ad hoc tempus gessi, ad maiora pertinent opera, quae iam
10   dudum[2] perficere volui. Quis enim de possessione decedere poterit Carthaginis[3],
quae iuxta Siciliam sita est?
CINEAS: Certe tantas opes assecutus Macedoniam Graeciamque recuperare[4]
mavis quam alias terras. Qualem tum vitam agere volemus?
PYRRHUS: Dies noctesque tum otio fruemur, epulabimur[5], sermones iucundissimi
15   nobis proderunt. Haec sunt, quae volo.
CINEAS: Quare tot milia[6] passuum vis procedere? Quare tot virorum sanguinem
profundere[7]? Quare ista omnia, quae desideras, non vis iam nunc percipere?
Ad haec verba Pyrrhus, ut est apud Plutarchum, nihil respondit.

(nach Plutarch)

Marmorbüste des Pyrrhos
Römische Kopie eines griechischen Originals aus dem 3. Jh. v. Chr., gefunden in der Villa der Pisonen in Herculaneum.
Der jugendliche Herrscher trägt einen eichenlaubgeschmückten Helm und stellt sich damit unter den besonderen Schutz des Gottes Zeus von Dodona, dem die Eiche heilig ist.

1) *ad resistendum* zum Widerstand   2) *iam dūdum* schon längst   3) *dē possessiōne Carthāginis dēcēdere* auf den Besitz Karthagos verzichten   4) *recuperāre* wiedererlangen   5) *epulārī* schmausen, speisen 6) *mille passūs* 1 römische Meile (ca. 1,5 km)   7) *profundere* vergießen

Ü a) Übersetze die folgenden Formen von *velle* und bilde jeweils anschließend die entsprechenden Formen von *nolle* und *malle*: vis, vult, vultis, volumus, velint, vellem, voles, voluisti.

b) Unterscheide: volumus, volamus, volemus, voluimus, volavimus, volo, volat, volet, valet, valde, vellem, vallem, malus, malis, malum, malam, mallem, malui, alui, alii, ali.

c) *Noli desperare! = Ne desperaveris!* Vertausche demnach die beiden Ausdrucksweisen: Noli timere! Noli mentiri! Nolite contemnere honores! Ne me tetigeris! Ne promiseris, quae tenere non potes! Ne gloriati sitis victoria vestra!

d) *ĕl, ŏl* vor einem anderen Konsonanten werden häufig zu *ŭl*: *pello – pulsum; colere – cultus*. Welche Formen von *velle* lassen sich mit diesem Lautgesetz erklären?

e) Übersetze und gib dabei jeweils die Funktion des Infinitivs an (vgl. Ü 75f): 1. Errare humanum est. 2. In rebus periculosis prudentem et cautum esse conducit. 3. Ptolemaeus rex bibliothecam condere constituit (decrevit). 4. Pueri Romani ante lucem in scholam ire solebant (consueverant). 5. Properate ad nos venire! 6. In Graeciam navigare cogitamus. 7. Si vis audiri, loquere breviter! 8. Qui pergit sperare, pergit timere. Desines timere, si sperare desieris. 9. Athenienses Alexandro magno honores divinos decernere recusabant. 10. Milites flumen transire dubitaverunt. 11. Volo beatus esse. Omnes beati fieri cupiunt. 12. Aristides iustus esse malebat quam videri. 13. Beati profecto erimus, si parvo contenti esse didicerimus.

f) Die Griechen pflegten eine Haltung wie die des Pyrrhos als *pleonexia* (Habsucht, eigtl. ‚Mehrhabenwollen') zu bezeichnen.
Stelle die einzelnen Stufen des ‚Mehrhabenwollens' des Königs Pyrrhos zusammen.

g) Wodurch unterscheidet sich die Haltung des Pyrrhos von der Einstellung des Kineas? Daß Pyrrhos am Ende des Zwiegesprächs schweigt, ist verräterisch. Worauf kommt es ihm in Wirklichkeit an?

Z Wie man den Zorn eines Königs besänftigen kann:

Audierat Pyrrhus rex
quodam in convivio Tarentinorum
parum honoratum de se sermonem habitum esse: *parum* zu wenig – *honōrātus* ehrenvoll
arcessitos, qui ei interfuerant convivio,
5   percontabatur,
an ea, quae ad aures ipsius pervenerant, dixissent.   *an* ob
Tum ex his unus:
„Nisi", inquit, „vinum nos defecisset,
ista, quae tibi relata sunt,
10 prae eis, quae de te locuturi eramus,   *prae* mit Abl. im Vergleich zu
lusus ac iocus fuissent."   *lūsus, -ūs* Spielerei – *iocus* Scherz
Tam urbana crapulae excusatio   *urbānus* witzig, geistreich – *crāpula*
  tamque simplex veritatis confessio   Rausch – *excūsātiō* Entschuldigung –
iram regis convertit in risum.   *cōnfessiō* zu *cōnfitērī* – *rīsus, -ūs* das
(Valerius Maximus, Denkwürdige Taten V 1; ext. 3)   Lachen, Gelächter

87 E 1. Catō cīvibus persuādēbat, ut Carthāginem dēlērent.
2. Catō cīvibus persuādēbat opēs Carthāginiēnsium Rōmānīs perīculō-
sās esse.
3. Virō clārō multī invident – virō clārō ā multīs invidētur.
4. Rēs futūrās hominēs prōvidēre nōn possunt. – Deus omnibus hominibus prōvidet.

L **M. Porcius Cato – wie ihn die Römer sahen**

Omnibus patriciis plebeiisque M. Porcius Cato longe praestabat. Hic vir tanta vi
animi ingeniique ceteris excellebat, ut multi ei inviderent. Nulla virtus ei defuit;
urbanis rusticisque rebus pariter studebat. Ad summos honores provecti sunt[1] alii
scientia iuris, alii eloquentia, alii gloria militari; huic ingenium aptum ad omnia
5 inerat. Ita omnibus persuasum erat eum natum esse ad id unum, quod ageret.
Multis et praeclaris pugnis interfuit; idem, postquam ad magnos honores pervenit, summus imperator in bello, idem in pace iuris peritissimus erat. Censor
autem factus severe praefuit ei potestati.
Si causam dicebat[2], eloquentia ceteris praestabat; eloquentia enim sua multis
10 profuit, amicis subvenit, nemini pepercit inimico. Multas orationes habuit et pro
se et pro aliis et in alios. Nam non solum accusando[3], sed etiam causam dicendo[4]
inimicis instabat, amicis consulebat.
Magnas iniurias nobilitas ei intulit, quod inopibus et laborantibus favebat, saluti
patriae prospiciebat, ab iniuria temperabat. Haec et talia agens ipse nobilitati
15 vehementer resistebat.

(nach Livius und Nepos)

Ü a) Bestimme jeweils Kasus und Numerus: isti iuvenes, isti iuveni, isti opinioni, istae
opiniones, istius philosophi, isti philosophi, isti philosopho, nullae civitates, nulli civitati, homines ipsi, ipsi Catoni, homini soli, totius mundi.

b) Welche der folgenden Verben sind im Lateinischen gewöhnlich objektlos, welche
transitiv, welche intransitiv: adiuvare, studere, ire, adire, sequi, parcere, fugere, vehere,
vehi, favere, urere, ardere.

c) Intransitive Verben bilden ein unpersönliches Passiv.
1. *mihi favetur* = ich werde begünstigt
Konjugiere weiter (dt. und lat.).
2. Übersetze: feminis et liberis parcitur, eis fautum est, pecuniae parcatur, ei invideba-
tur, nobis persuadebitur, tibi invideretur, eis persuadetur, ei persuasum est.

d) Gib in den folgenden Sätzen jeweils die genaue deutsche Bedeutung der Verben *per-
suadere, consulere* und *temperare* an. Wovon hängt die jeweilige Bedeutung ab?
1. Themistocles Atheniensibus persuasit, ut classem aedificarent. 2. Pericli persuasum
erat Spartiatas opibus Atheniensium invidere. 3. Homo aeger medicum consulit.

---

1) *prōvehere* befördern   2) *causam dīcere* einen Prozeß führen (als Verteidiger)   3) *accūsandō*
durch Anklagen   4) *causam dīcendō* durch Verteidigen

4. Medicus valetudini hominis aegri consulit. 5. Alexander interdum irae temperare (moderari) non potuit. 6. Athenienses Solonem hortati sunt, ut rem publicam aequis temperaret legibus. 7. Etiam adversus inimicos ab iniuria temperare debemus.

e) Welche Bedeutung hat *pro* in den folgenden Sätzen: 1. Milites pro portis castrorum ducem exspectabant. 2. Dux castris praeerat pro praetore. 3. Haec pro tua prudentia facile intelleges. 4. In dubio pro reo!

f) Welche Stilfigur liegt in L 3 f. vor, welche in L 9 f. und L 13 f.?

g) Welche Wege gab es in Rom, um zu hohen Ehrenämtern zu gelangen? Welche Wege beschritt Cato?
Wofür setzte Cato seine Beredsamkeit ein? Wodurch machte er sich beim Adel Roms verhaßt?
Welche seiner Charakterzüge bzw. Fähigkeiten wirken sympathisch, welche unsympathisch (vgl. auch I)?

h) Lies den Abschnitt ‚Übersetzen Wort für Wort' S. 118 f. und wende diesen Weg auf L 9–15 an.

Z Cato lobt sich selbst:

M. Cato, consularis et censorius,
villas suas inexcultas et rudes
ac ne tectorio quidem praelitas fuisse dicit
usque ad annum aetatis suae septuagesimum.
5 Atque his verbis utitur:
„Neque mihi", inquit, „aedificatio neque vasum
neque vestimentum ullum est manupretiosum
neque pretiosus servus neque ancilla.
Si quid est, quod utar, utor,
10 si non est, egeo.
Suum cuique per me uti atque frui licet."
Tum haec addit verba:
„Vitio mihi vertunt, quia multa egeo;
at ego illis, quia nequeunt egere."
(Gellius, Attische Nächte XIII 24,1)

cōnsulāris/cēnsōrius gewesener Konsul/ Zensor – *inexcultus* ungeschmückt – *rudis, -e* roh – *tēctōriō praelitus* mit Kalk übertüncht, vorne mit Kalk getüncht

aedificātiō Bauwerk – *vāsum = vās*
vestīmentum Kleid – *ūllus* irgendein – *manupretiōsus* von kostbarer Arbeit – *ancilla* Sklavin
egēre hier: entbehren
cuique jedem – *ūtī, fruī, egēre* hier mit Akk.
vitiō vertere als Fehler anrechnen

I Das ungewöhnlich positive Bild Catos, das die römischen Autoren Livius, Nepos und Cicero zeichnen, wird von Plutarch korrigiert, der eine Biographie Catos verfaßt hat. Eine hervorstechende Eigenschaft war seine übertriebene Sparsamkeit.
„Niemals trug Cato ein Gewand, das teurer war als hundert Drachmen. Auch als Prätor und Konsul trank er denselben Wein wie seine Sklaven und ließ zum Abendessen nur die billigsten Speisen vom Markt holen. Einen kostbaren babylonischen Teppich, den er geerbt hatte, verkaufte er sofort. Er kaufte auch niemals einen Sklaven, der teurer war als 1500 Drachmen, weil er keine zarten und schöngliedrigen, sondern derbe und arbeitsame Leute als Pferdeknechte und Ochsentreiber brauchte. Alles, was überflüssig war, hielt er für zu teuer, auch wenn es nur einen As kostete.
Ein solches Verhalten legten ihm manche als Geiz aus; doch viele glaubten, daß er sich selbst so sehr einschränkte, um anderen ein gutes Beispiel zu geben."

(Plutarch, Cato 4; 5)

88 E
1. Tiberiō et Gāiō Gracchō frātribus salūs plēbis magnae cūrae erat.
2. Itaque multīs senātōribus odiō erant.
3. Nēmō ferē frātribus auxiliō vēnit, cum ab inimīcīs opprimerentur.

L **C. Gracchus verteidigt seine Amtsführung**

C. Gracchus hatte sich als Quästor in Sardinien selbstlos für die römischen Soldaten eingesetzt und dadurch große Beliebtheit gewonnen. Sein großes Verständnis für die sozialen Probleme der Zeit beunruhigte seine politischen Gegner, besonders den Senat. Man suchte daher nach einem Vorwand, um gegen ihn vorzugehen.

Postquam C. Gracchus ex Sardinia in urbem Romam rediit, censores multa ei crimini dederunt atque dixerunt eum haud parce usum esse pecunia publica. Quare ad populum orationem habuit; putabat enim, si taceret, id sibi superbiae tribui posse. Verba eius haec fere sunt:

5 „Cum quaestor in Sardinia essem, omnia feci, quae vobis usui essent. Semper mihi curae erat salus publica, semper ea cordi erant, quae senatui populoque Romano honori essent, neque umquam id agitavi, quod vobis detrimento esse posset. Quid igitur mihi vitio datis? An[1], quod odio sum inimicis, qui me perdere conantur? Nemo dicere potest unum assem[2] me dono accepisse aut sumptum
10 quemquam fecisse. Biennium[3] fui in provincia. Cui bono? Si umquam publicam pecuniam male consumpsi, omnium postremum nequissimumque[4] me existimate! Equidem zonas[5], quas plenas argenti in provinciam extuli, inanes rettuli; alii amphoras[6], quas plenas vini extulerunt, argento re-pletas re-portaverunt. Quaestor igitur non modo militibus nostris auxilio veni, sed etiam rei publicae
15 emolumento[7] fui."

(nach Gellius und Plutarch)

Ü a) Übersetze in den folgenden Sätzen *esse* mit einem treffenden Ausdruck:
1. Discipulus in schola est. 2. Discipulus aeger est. 3. Liber discipulo est. 4. Libri discipulis usui sunt.

b) Gelegentlich dient der Dativ des Zweckes als Ersatz für ein fehlendes Passiv:

Tyrannum omnes oderant.   *Tyrannus omnibus odio erat.*
Den Tyrannen haßten alle.   Der Tyrann wurde von allen gehaßt.

Übersetze ebenfalls passivisch: 1. Cur vobis odio sum? 2. C. Gracchi eloquentia omnibus aequalibus admirationi fuit. 3. Homines divites multis invidiae sunt.

c) Das in L Zeile 10 vorkommende unbekannte Wort *bi-enn-ium* (Zeitraum von zwei Jahren) gehört zu *ann-us* (Jahr).
Nenne die Grundwörter der folgenden Wortzusammensetzungen: condemnare, exercere, profecto, ineptus; inermis, -e; iners, -tis.

---

1) *an?* etwa? 2) *as, assis* m. der As (Kupfermünze) 3) *biennium, -ī* Zeitraum von zwei Jahren
4) *nēquissimus, a, um* Superlativ von *nēquam* (unveränderl. Adj.) nichtsnutzig 5) *zōna, -ae* Gürtel, Geldbeutel 6) *ámphora, -ae* Amphore 7) *ēmolumentum, -ī* Gewinn, Vorteil

d) *ad-hibere* gehört zu *habere, con-tinere* zu *tenere.*

Nenne auch hier zu den folgenden Komposita die jeweiligen Grundwörter: accipere, eligere, eripere, occĭdere, possidere, subigere, erigere, constituere, confiteri; inimicus, difficilis, Iuppiter, praecipitare.

e) An welchen Stellen in L ist die rhetorische Figur der Anapher verwendet?

f) Welche Argumente bringt C. Gracchus zu seiner Verteidigung vor?

Was will er mit seiner Bemerkung ausdrücken, daß er Geld in der Provinz ausgegeben, aber keines nach Rom heimgebracht habe?

Was bezweckt C. Gracchus mit seinem Hinweis auf die geldgefüllten Amphoren, die andere heimbrachten?

g) In welchem Zusammenhang kann man heute den Ausdruck ‚Cui bono?‘ hören bzw. verwenden?

h) Lies den Abschnitt ‚Gliedern in Wortblöcke‘ S. 119 und wende diesen Weg auf L 5–15 an.

Ein Beispiel für die Verwaltung von Provinzen durch korrupte römische Beamte ist Verres, der nach seiner Rückkehr aus der Provinz von Cicero angeklagt wurde und unter der Last des Beweismaterials noch vor Ende des Prozesses freiwillig ins Exil ging. Cicero führt in seiner Rede gegen Verres aus:

„Die meisten und schlimmsten Wahrzeichen seiner korrupten Amtsführung hat Verres in Sizilien hinterlassen. Drei Jahre lang hat er diese Provinz heimgesucht und ins Verderben gestürzt.

Als er dort Prätor war, durften die Sikuler weder ihre eigenen Gesetze behalten noch galten für sie unsere Senatsbeschlüsse oder ein gemeinsames Recht. Nur das besitzt heute noch ein jeder in Sizilien, was der Unachtsamkeit oder dem Überdruß dieses habsüchtigen und gierigen Menschen entging. Drei Jahre lang wurden nur auf seinen Wink hin alle Entscheidungen gefällt. Von den Landgütern wurden aufgrund einer neuen verbrecherischen Verordnung gewaltige Geldsummen eingetrieben, die treuesten Bundesgenossen Roms wurden als Feinde angesehen, römische Bürger wurden wie Sklaven gefoltert und hingerichtet, Schuldige wurden für Geld im Prozeß freigesprochen, ehrenhafte und unschuldige Leute wurden in ihrer Abwesenheit angeklagt und ohne Gelegenheit zur Verteidigung verurteilt und verbannt. Befestigte Häfen und große, gesicherte Städte wurden Piraten und Räubern geöffnet, Matrosen und Soldaten der Sikuler, unsere Bundesgenossen und Freunde, ließ man verhungern, die besten Flotten gingen – eine Schmach für das römische Volk! – verloren und wurden vernichtet."

(Cicero, Rede gegen Verres I 4,12 ff.)

Aureus
(um 117 n. Chr.)

Römisches Geld (etwa um ein Viertel vergrößert)

Sesterz
(104–111 n. Chr.)

Denar
(44 v. Chr.)

As
(27 v. Chr.)

E
1. Cornēliae, Scīpiōnis māiōris fīliae, duo fīliī erant.
2. Alterī nōmen erat Tiberius, alterī Gāius.
3. Uter erat māior?
4. Uterque frāter id studēbat, ut inopiam agricolārum levāret; quod neutrī contigit.

L Die Gracchen – ein berühmtes Bruderpaar

Der griechische Schriftsteller Plutarch verfaßte eine Reihe von Biographien bedeutender Griechen und Römer, darunter auch Lebensbeschreibungen der beiden Brüder Tiberius und Gajus Gracchus. Dabei vergleicht er die Brüder in ihrem Charakter und Auftreten.

Uterque frater alteri par erat fortitudine; alter alteri eloquentia non cedebat, utriusque magnitudo animi par erat.
Uterque totum se dedit rei publicae, utriusque virtus clara habebatur, neuter umquam officio deerat. Utrique summa industria erat, utrumque iustitiam
5 coluisse constat.
Differebant factis; dissimile erat, quod uterque de re publica sentiebat.
Alter fratrum, Tiberius, comis in cives erat magnaque cum dignitate incedebat; cum orationem habebat, uno semper loco consistebat; nullius oratoris sermo purior erat, nullius verba suaviora.
10 At alteri, Gaio, alacer[1] erat vultus et vehemens animus; ardens erat cupiditatibus et acer in dicendo[2]; neque ullo alio modo animos audientium tenebat nisi verbis sententiisque magnificis.
Alii Tiberio propter modestiam et victus simplicitatem[3] amici erant, alii Gaium fratrem laudabant, quod non in eadem vivebat luxuria qua ceteri.
15 Tiberius amicos sibi paravit comitate[4] et liberalitate, Gaius autem solis verbis timorem iniecit inimicis.
Aliud enim est populum benignitate[5] conciliare, aliud mentes hominum magnificentia[6] verborum commovere.

(nach Plutarch)

Ü
a) Dekliniere (nur im Sing.): utra lingua, uterque consul, neuter eorum, neque ulla urbs.

b) Wörter, deren Bedeutungen nahe beieinander liegen, bilden ein **Wortfeld**.
Trenne die folgenden Verben in die Wortfelder ‚sagen‘, ‚sich bewegen‘ und ‚sehen‘: currere, videre, ire, fateri, cernere, narrare, effugere, aspicere, disserere, exponere, incedere, conspicere, loqui, progredi, spectare, contemplari, dicere, evadere, intueri, orare, movere, ascendere, animadvertere, disputare, persequi, vocare.

c) Die folgenden Vokabeln gehören zu mehreren Wortfamilien (vgl. Ü 80e). Stelle sie zusammen und gib dabei jeweils die Bedeutung der einzelnen Vokabeln an: iudex, eloquentia, magis, iniuria, iudicare, loqui, iustitia, ius iurandum, maior, colloqui, ius, magnitudo, iudicium, colloquium, magnus, iurare, iniustus.

---

1) *álacer, -cris, -cre* lebhaft, munter   2) *in dīcendō* beim Reden   3) *simplicitās, -ātis* zu *simplex, -icis*   4) *cōmitās, -ātis* zu *cōmis, -e*   5) *benīgnitās, -ātis* zu *benignus, a, um*   6) *magnificentia, -ae* zu *magnificus, a, um*

d) Das Suffix **-tās**, welches (häufig mit dem Vokal *i*) an den Stamm von Adjektiven angehängt wird, bezeichnet eine *Eigenschaft* oder einen *Zustand.* Erschließe unter Angabe
des jeweiligen Adjektivs die Bedeutung der folgenden Substantive: aequitas, caritas,
humanitas, integritas, novitas, probitas, severitas, veritas; pietas; libertas; brevitas, cru-
delitas, felicitas, humilitas, levitas, nobilitas, suavitas, utilitas; paupertas, vetustas.

e) Stelle lateinisch alle Aussagen, die Eigenschaften und Verhaltensweisen der beiden
Gracchen bezeichnen, stichwortartig zusammen.
In welchen Bereichen unterscheiden sich die Brüder voneinander?

Z Der Schriftsteller Gellius überliefert einen Ausschnitt aus einer Rede des C. Gracchus,
worin dieser das willkürliche und grausame Verhalten eines jungen Römers geißelt:

Quanta libido quantaque intemperantia sit	*libīdō* Willkür – *intemperantia* Zügel-
hominum adulescentium,	losigkeit
unum exemplum vobis ostendam.	
Ante paucos annos missus est	
5 pro legato homo adulescens,	
qui per id tempus magistratum non ceperat.	
Is in lectica ferebatur.	*lectīca* Sänfte (auch Totenbahre)
Ei obviam bubulcus de plebe Venusina advenit	*bubulcus* Ochsentreiber – *Venusīnus* aus
et per iocum, cum ignoraret, qui ferretur,	Venusia – *per iocum* im Scherz
10 rogavit, num mortuum ferrent.	*num* ob
Ubi id audivit adulescens,	
lecticam iussit deponi,	
struppis, quibus lectica deligata erat,	*struppus* (Trage-)Riemen – *dēligāre* an-
usque adeo eum verberari iussit,	binden, befestigen – *ūsque adeō ... dum*
15 dum animam efflavit.	so lange, bis – *verberāre* zu *verbera*
(Gellius, Attische Nächte X 3,5)	*animam efflāre* seinen Geist aufgeben

Ein Bauer auf dem Weg zur Stadt. Ausschnitt aus einer Reliefplatte, 30 cm hoch, 1. Jh. n. Chr.
München, Glyptothek. An einem Tragstock hat der Bauer einen Hasen hängen, auf das Rind sind
zwei Schafe aufgebunden. Im Hintergrund eine Stadtmauer mit Stadttor.

90

E
1. Suae quisque fortūnae faber¹ est. Suum cuique!
2. Cuiusvīs hominis est errāre.
3. Quịdquid agịs, prūdẹnter agās, et rẹspice fịnem.
4. Quicumque nōbilis erat, Mariō inimīcus erat.

L

C. Marius wird Konsul

Der Plebejer C. Marius legt, nachdem er auf Verlangen der Plebs im Jahre 107 v. Chr. zum Konsul gewählt worden ist, in einer Rede vor der Volksversammlung seine politischen Grundsätze dar und greift zugleich die Nobilität an:

„Quicumque imperium a vobis, Quirites, petunt, primo industrios² ac modicos se praestant; deinde, postquam imperium adepti sunt, sua quisque curat, sua cuique cordi sunt; per ignaviam³ et superbiam suam quisque aetatem agit. Sed mihi alia recta esse videntur.

5 Cuiusvis enim civis est universae rei publicae consulere, cuivis viro Romano patria curae esse debet. Maiore cura patriam defendere quam magistratum petere unumquemque nostrum decet. Sed bellum parare simul et aerario⁴ parcere, domi militiaeque omnia curare, cuilibet inimico et invido⁵ parem esse: hoc, Quirites, difficillimum est.

10 Quisquis nobilium propter im-prudentiam peccavit, ei vetus nobilitas, maiorum fortia facta, cognatorum opes praesidio adsunt. Sed mihi spes omnes in me ipso sitae sunt; eas virtute et constantia tutari necesse est. Nam alia infirma sunt. Quaecumque honori sunt, ea meis laboribus et periculis quaesivi; illis autem maiores omnia reliquerunt: divitias, imagines, gloriam. Virtutem non reliquerunt

15 neque poterant: ea sola neque datur dono neque accipitur.“

(nach Sallust)

Ü

a) Setze die entsprechenden Formen von *quisque* ein und übersetze:

1. Suae ... fortunae faber¹ est. 2. Nescimus, quo ... fortuna trahat. 3. Minime sibi ... notus est. 4. Fingunt sui ... mores fortunam. 5. Quinto ... anno ludi sunt. 6. Ipse se ... diligit.

b) *Quisque, ubique, undique, uterque.*

Um welche Wortart handelt es sich beim ersten Teil dieser Zusammensetzungen? Welche Bedeutung erhalten sie durch das angefügte *-que*?

c) Eine Verallgemeinerung wird bei relativen Pronomina und Adverbien durch ein angehängtes *-cumque* oder durch eine Verdoppelung *(quisquis)* ausgedrückt. Was heißt also: ubicumque, quocumque, undecumque, qualiscumque, quantuscumque, utcumque, quotcumque, quotquot.

d) Sentenzen, Sprichwörter und Lebensregeln enthalten immer ein ‚Körnchen Wahr-heit‘. Wie steht es damit in den folgenden Sätzen?

---

1) *faber, -brī* Schmied   2) *industrius, a, um* betriebsam, fleißig   3) *ignāvia, -ae* zu *ignāvus, a, um*
4) *aerārium, -ī* Staatskasse   5) *invidus, a, um* neidisch; Subst.: der Neider

1. Quidquid licet, non delectat. 2. Quemcumque quaerit calamitas, facile invenit. 3. Quidquid conaris, quo pervenias, cogites. 4. Cunctis potest accidere, quod cuivis potest. 5. Cuivis dolori remedium est patientia.

e) Stelle aus L und Ü a alle Formen von *(unus)quisque, quicumque/quisquis* und *quivis/ quilibet* zusammen und gib an, ob sie substantivisch oder adjektivisch (d. h. als Attribut) gebraucht sind.

f) C. Marius galt in der römischen Politik als Emporkömmling, als ‚homo novus‘. So wurde jemand bezeichnet, der, aus dem Ritterstand kommend, als erster seiner Familie das Konsulat bekleidete.
An welchen Stellen seiner Rede weist Marius auf die Schwierigkeiten seines politischen Aufstiegs hin?
Worin bestehen die wichtigsten Unterschiede zwischen Marius und den Adeligen?

Z Der erstaunliche politische Aufstieg des C. Marius:

Ex illo Mario tam humili Arpini,
tam ignobili Romae, tam fastidiendo
candidato
ille Marius evasit,
5 qui Africam subegit,
qui Iugurtham regem ante currum egit,
qui Teutonorum Cimbrorumque exercitus
delevit,
cuius bina tropaea in urbe spectantur,
10 cuius septem in fastis consulatus leguntur,
cui post exilium consulem creari
proscriptoque facere proscriptionem contigit.
Quid huius condicione in-constantius aut
mutabilius?
15 Quem si inter miseros posueris, miserrimus,
si inter felices, felicissimus reperietur.
(Valerius Maximus, Denkwürdige Taten VI 9,14)

Arpīnī in Arpinum
ignōbilis, -e unbekannt – *Rōmae* in Rom
fastīdiendus candidātus verachtenswerter Amtsbewerber – *ēvādere* hier: werden

bīna tropaea zwei Siegesdenkmäler
fāstī Kalender – *cōnsulātus, -ūs* Konsulat

prōscrībere/prōscrīptiō ächten/Ächtung
(vgl. L 91,7 f.)
mūtābilis, -e veränderlich

Porträtbüste eines Römers
1. Jh. v. Chr. Rom, Vatikanische Museen.
Der Kopf wird allgemein für ein Bildnis des C. Marius gehalten.

E
1. Bellō cīvīlī lībertās Rōmānōrum oppressa est.
2. Cōnsulum est salūtī reī pūblicae cōnsulere.
3. Marius ōrdinis equestris erat, Sulla ōrdinis senātōriī.
4. Pecūnia magnī est; plūris est bona fāma, plūrimī autem lībertās.

L   **Unmenschliche Taten im Bürgerkrieg**

Die Römer hatten auf ihrem Weg zur führenden Weltmacht der Antike viele Kriege zu bestehen.
Sie erwiesen sich hierbei meist als Gegner, die den unterworfenen Feind nicht demütigten, sondern
menschlich behandelten. In dieser *clēmentia* (Milde) lag ein Grundzug des römischen Wesens. Um
so auffallender ist es, daß in der Zeit der sozialen Auseinandersetzungen und der Bürgerkriege die
Grundsätze der Menschlichkeit besonders im Kampf gegen die eigenen Bürger bisweilen völlig aufgegeben wurden. Auch im Bürgerkrieg zwischen Marius und Sulla war dies der Fall. Darüber
berichtet der Schriftsteller Valerius Maximus:

L. Cornelius Sulla, vir ordinis senatorii, cum egregie auctoritatem nobilitatis
defendisset, crudeliter totam urbem atque omnes Italiae partes sanguine civium
implevit. Multos Marii milites, qui fidem[1] eius secuti erant, necari iussit; nam
vitam eorum haud magni aestimabat.

5   Incolas Praenestis oppidi, quamquam spem salutis[2] eis dederat, extra moenia
interfecit eorumque corpora per agros dispersit.

Quaecumque proscriptorum bona fuerant, rei publicae facta sunt, atque divitiae
eorum, qui rem publicam potestatis suae fecerant, proscriptionibus auctae sunt.
Victoris esse putabat non modo in inimicos saevire, sed etiam quietos cives pro-

10   scriptorum numero adicere, cum vitam eorum parvi duceret. Immo adversus
mulieres gladios strinxit, quasi caedibus virorum contentus non esset.
Id quoque crudelitatis[3] Sullae est: mortuorum capita in conspectum suum afferri
voluit. Vix veri similia narrare videor: ne mortuis quidem pepercit! Nam ossa
C. Marii, qui haud minoris fuerat saevitiae[4], in Anionis alveum[5] sparsit.

(nach Valerius Maximus)

Ü
a) *esse alicuius* kann sowohl ‚jemandes Eigentum sein' bedeuten, als auch ‚jemandes
Sache, Aufgabe usw. sein'. Zeige an den folgenden Sätzen, welche der beiden Bedeutungen jeweils zutrifft. Wie kannst du deine Entscheidung begründen?
1. Sicilia primo Siculorum erat, deinde partim Carthaginiensium, partim Graecorum.
Primo bello Punico Romanorum facta est. 2. Consulum erat saluti rei publicae consulere; praetorum erat inter cives ius dicere; aedes sacras privatasque curare et ludos
parare aedilium erat, aerario (aerārium, -ī *Staatskasse*) populi Romani praeesse quaes-
torum. 3. Cuiusvis hominis est errare, im-prudentis in errore perseverare.

b) Der Genitiv der Beschaffenheit läßt sich im Deutschen manchmal mit einem Adjektiv
wiedergeben: eius modi res *derartige* Dinge. Übersetze entsprechend: puer decem
annorum, res magni pretii, homo eiusdem aetatis, indutiae triginta dierum, res multae
operae ac laboris, frumentum decem dierum, vir nullius consilii.

---

1) *fidēs, -eī* hier: Treu-, Ehrenwort   2) *spēs salūtis* Hoffnung auf Rettung   3) *crūdēlitās, -ātis* zu
crūdēlis, -e   4) *saevitia, -ae* zu *saevus, a, um*   5) *alveus, -ī* Flußbett

c) 1. Multi divitias magni aestimant, virtutem pauci.

   2. Multi divitias magni aestimant, virtutem parvi.

Wodurch unterscheiden sich diese beiden Sätze?

Bestimme die Formen *multi, magni, pauci, parvi* nach Kasus und Funktion.

Nenne die beiden Gegensatzpaare.

Welche Stilfiguren kannst du in den beiden Sätzen jeweils erkennen?

d) Suche für *esse* jeweils die treffende Übersetzung: 1. Iste homo nihili est. 2. Exilium erat decem annorum. 3. Adulescens est summae spei. 4. Iudicis est semper verum sequi. 5. Mihi multi libri sunt. 6. Ei nomen Gaius est. 7. Mihi in animo erat proficisci. 8. Remedium tibi saluti erit. 9. Estne tibi bene? 10. In urbe magna sum.

e) Welche Stilfigur liegt in L 3 vor?

f) Inwiefern enthält die Schilderung der Grausamkeiten Sullas eine Steigerung? Was will der Autor mit einer solchen Darstellung erreichen?

Ist er objektiv? Oder verurteilt er Sulla aus Sympathie für Marius? Lassen sich dafür Beweise aus dem Text erbringen?

g) Lies den Abschnitt ‚Verstehendes Lesen' S. 120 f. und wende diesen Weg auf L 1–4 an.

I Wenn man Berichte über die Bürgerkriege in Italien liest, wie sie im Lesestück 91 stehen (sie werden von anderen Autoren bestätigt), so kommt man zu der Überzeugung, daß die Menschen sich seit den Tagen des römischen Imperiums wenig verändert haben. Auch heute nämlich geschehen Untaten wie die geschilderten überall in der Welt. Presse und Fernsehen bringen uns so viele Informationen über Kriege und Auseinandersetzungen in der Welt, daß wir die Ereignisse in ihrer ganzen Schwere kaum mehr zu begreifen vermögen.

Bürgerkriege gibt es in einigen Ländern unserer Erde. An ihnen wie an den Bürgerkriegen der Römer befremden uns die Erbitterung und der Haß, mit dem sich die Angehörigen des gleichen Volkes bekämpfen, wenn sie verschiedenen Parteien oder politischen Richtungen angehören. Bürgerkriege wurden immer als schrecklich empfunden, auch in der Antike. Nur wenige waren bereit, dem politischen Gegner über alle trennenden Gräben hinweg die Hand zu reichen und einen gemeinsamen Frieden anzustreben. Cäsars ‚clementia' gegenüber seinen politischen Gegnern war sprichwörtlich, und die ‚pax Augusta', die unter Kaiser Augustus dem römischen Reich den langersehnten und dauernden Frieden im Innern schenkte, wurde von Dichtern mit begeisterten Worten gepriesen. Sie war das Ende der furchtbaren Leiden, die in den Bürgerkriegen Rom heimgesucht hatten.

Porträtbüste eines Römers

1. Jh. v. Chr. München, Glyptothek.

Der Kopf stellt wahrscheinlich L. Cornelius Sulla dar.

53

E   1. Odium Catilīnae Cicerōnī paene perniciēī fuit.
     2. Catilīna odiō Cicerōnis incēnsus erat.
     3. Metus mortis omnēs hominēs capit.
     4. Quōrundam hominum metus mortis magnus nōn est.

L   **Catilina – wie ihn sein politischer Gegner Cicero schildert**

Habuit Catilina in se multa signa et vitiorum et virtutum. Consuetudo ei erat cum multis hominibus improbis, sed optimis quoque viris iucundus erat.
Erant in eo multae cupiditates voluptatum, sed stimuli[1] quoque industriae et laboris. Numquam ego tale monstrum in terris fuisse puto, conflatum[2] ex tam
5 contrariis naturae studiis[3]. Quis in voluptatibus corporis erat inquinatior[4], quis in laboribus patientior?
Illa vero in Catilina admirabilia[5] fuerunt: comprehendebat multos amicitia; cum omnibus communicabat, quod habebat; serviebat cupiditati omnium suorum pecunia, scelere etiam et audacia. Versabat naturam suam: cum senibus graviter,
10 cum iuventute comiter vivebat.
Hac tam varia natura omnes homines improbos spe praedae ac pecuniae undique collegerat; etiam multos viros bonos specie quadam virtutis tenebat.
Numquam iste homo tanto studio consilium cepisset imperium delere, nisi etiam signa quaedam virtutis et patientiae in eo fuissent.

(nach Cicero)

Ü   a) Bestimme folgende Genitive (nur deutsch):

die Kenntnisse des Schülers, die Kenntnisse der Geschichte, in der Furcht des Herrn (= Gottes) leben, die Furcht des Herrn vor seinen Sklaven, die Eroberungen der Römer in Gallien, die Eroberung Roms durch die Gallier, die Ansicht des Politikers, die Ansicht der Berge, die Nachricht des Freundes, die Nachricht des Unfalls.

b) Übersetze und entscheide, ob ein Genitivus subiectivus oder obiectivus vorliegt:

imperium orbis terrarum, opinio amicorum, potestas vitae necisque, concordia civium, timor populi, orationes Ciceronis, nuntius cladis, monumenta urbis, memoria rerum praeteritarum, amor nostri, cognitio veri, spes salutis, odium sui, inopia aquae.

c) Gib den Inhalt der Verbalhandlung der folgenden kleinen Sätze durch einen substantivischen Ausdruck wieder, z. B. *mater amatur: amor matris*.

deus amat; homines mortem timent; parentes amantur; urbs oppugnatur; cupimus gloriam; milites victoriam sperant.

d) Suche aus E und L alle Stellen heraus, in denen ein Genitivus obiectivus vorliegt.

e) Welche Stilfigur liegt in der Wendung ‚cum senibus graviter, cum iuventute comiter vivebat‘ (L 9 f.) vor? Wo findet sich in L eine Anapher?

----

1) *stimulus, -ī* Stachel, Ansporn, Antrieb   2) *cōnflāre* zusammensetzen   3) *studia, -ōrum* hier: Bestrebungen   4) *inquinātus, a, um* unrein   5) *admīrābilis, -e* zu *admīrārī*

Cicero klagt Catilina vor dem Senat an.
Fresko von C. Maccari aus dem 19. Jh. im Palazzo Madama in Rom

f) Die meist an Verbalstämme angehängten Suffixe **-bilis** und **-ilis** bezeichnen gewöhnlich eine *Fähigkeit* oder *Möglichkeit*. Erschließe die Bedeutung der folgenden Adjektive aus den ihnen zugrundeliegenden Verben und verwende möglichst die vorgeschlagenen deutschen Adjektivsuffixe: *-lich:* amabilis, (im)placabilis, (in)tolerabilis, (im)mutabilis, (im)mobilis, (in)credibilis, fragilis, utilis; *-bar:* habitabilis, mirabilis, spectabilis, inexplebilis, facilis („mach-bar‘), fertilis; *-wert:* laudabilis, miserabilis; *-ig:* innumerabilis, agilis („rühr-ig‘); *-haft:* stabilis; *-sam:* inflexibilis.

g) Übersetze die folgenden Ausdrücke mit der jeweils treffenden deutschen Bedeutung des Adjektivs magnus (groß, stattlich, gewaltig, ausgedehnt, geräumig, hoch, weit, lang, viel, laut, inständig, heftig, heiß, stürmisch, schwierig, schlagend):

Alexander Magnus, magnae silvae, iter magnum, magna vox, amor magnus, magnum testimonium, corpora magna, magna domus, epistula magna, magnae preces, magnum mare, magnus exercitus, magnus mons, magna pecunia, dolor magnus, magnus labor.

h) Stelle unter den Überschriften ‚vitia‘ und ‚virtutes‘ alle Aussagen Ciceros über Catilina zusammen.

Z   Antwort Catilinas an den Konsul Cicero:

Lucius Catilina,
cum in senatu M. Cicero incendium ab ipso
    excitatum esse diceret:
„Sentio“, inquit, „et quidem illud incendium,
5   si aqua non potuero, ruina restinguam.“   *restinguere = exstingere*
    (Valerius Maximus, Denkwürdige Taten IX 11,3)

55

93

E 1. Multa mīlia Germānōrum Rhēnum trānsierant.
2. Nēmō Gallōrum tantum auctōritātis habuit quantum Dīviciācus.
3. Nōnnūllīs ōrātōribus satis ēloquentiae, sed nihil sapientiae est.

L Ein Gallierfürst bittet Cäsar um Hilfe

Die beiden gallischen Stämme der Arverner und Sequaner hatten Germanen über den Rhein nach Gallien gerufen, um sich gegen den Stamm der Häduer zu behaupten. Mit germanischer Hilfe errangen sie die Vormachtstellung, die früher von den Häduern eingenommen worden war. Der Häduerfürst Diviciacus legt in einem Gespräch mit Cäsar die ausweglose Situation seines Stammes dar:

„Galliae totius factiones duae sunt. Principes alterius factionis sunt Haedui, alterius Arverni. Hi cum de principatu inter se multos annos contenderent, ab Arvernis Sequanisque Germani mercede arcessiti sunt. Horum primo circiter quindecim milia Rhenum transierunt; postquam homines feri agros Gallorum
5 adamaverunt[1], maior multitudo Germanorum traducta est. Nunc in Gallia sunt ad centum et viginti milia eorum. Cum his Haedui saepe contenderunt; magnam calamitatem pulsi acceperunt, magnum numerum nobilitatis, maximam partem equitatus amiserunt. Pauci de nostris superstites sunt.
Quibus cladibus fracti sumus. Haedui, qui plurimum auctoritatis antea in Gallia
10 habuerunt, coacti sunt Sequanis nobilissimos civitatis obsides dare; nemini nostrum temperatum est. Iure iurando obstricti sumus[2] nos neque obsides repetituros neque auxilium a populo Romano imploraturos esse. Unus ex omni civitate Haeduorum ego adduci non potui, ut iurarem aut liberos meos obsides darem. Haedui neque satis virium neque copiarum habent, nihil auxilii neque consilii,
15 multum autem laboris et periculi. Confidimus tantum tibi esse clementiae[3], ut supplices nos tuearis."

(nach Cäsar)

Ü a) Übersetze: 1. Galli magnam vim auri argentique ex urbe Roma abstulerunt. 2. Italia multum pecoris, aliquantum olei et vini, satis pomorum, sed parum frumenti tulit; quare magna copia frumenti ex Africa im-portabatur. 3. Regi mortuo plerumque maior filiorum succedit. 4. Cum periculum instabat, senatus decrevit: Videant consules, ne quid res publica detrimenti capiat. 5. Quis mortalium sine vitiis natus est? 6. Nemo nostrum dicere potest se numquam peccavisse.

b) Übersetze die folgenden Verbalformen und verwandle danach solche des Präsensstammes in die entsprechenden Formen des Perfektstammes und umgekehrt:

audeo, gavisi sumus, solent; revertistis, revertemur, revertissent; confidis, confiderent, confisae erant.

c) Zu welchem Satz passen die folgenden Prädikate:

conficit, confidit, condidit, coniecit, concedit?

---

1) *adamāre* liebgewinnen   2) *obstringere* verpflichten   3) *clēmentia, -ae* zu *clēmēns, -entis*

56

1. Imperator virtuti militum …; victoria parta militibus praedam … 2. Mercator negotium … 3. Tyrannus inimicos in vincula … 4. Tyrrhenus in Italia novas urbes …

d) Substantive mit den Suffixen **-ia** bzw. **-itia** (meist an den Wortstock von Adjektiven angehängt) bezeichnen einen *Zustand* oder ein *Verhalten*. Erweitere deinen Wortschatz, indem du Adjektive und Substantive bildest und zusammenstellst, z. B. *audax, -acis* kühn ↔ *audacia* Kühnheit; *laetus* fröhlich ↔ *laetitia* Fröhlichkeit.

-ia: ignavus, perfidus, gratia, modestia, opulentus, superbia, miseria, ferox, inopia, memoria, constans, potens, prudentia, diligentia, patiens, eloquentia, sapientia; reliquiae, divitiae.

-itia: amicitia, avarus, durus, iustitia, malus, notus, saevitia, tristis.

e) Zeige in L die rhetorische Figur der Anapher auf.

f) Diviciacus nennt die Germanen *homines feri*, d. h. Barbaren. Aus welchem Blickwinkel urteilt er?
Er gibt die Niederlage der Häduer gegen die Germanen zu. Warum fällt ihm dies nicht schwer? Was bezweckt er damit?
Diviciacus bezeichnet sich und die Häduer als *supplices*, Cäsar schreibt er *clementia* zu. Was will er damit erreichen?

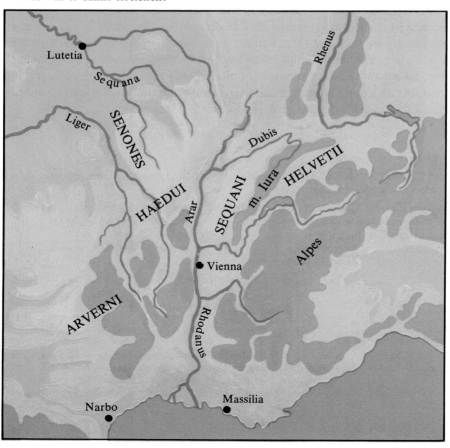

E
1. Quī hominem necāvit, caedis accūsātur.
2. Temporibus Caesarum multī maiestātis (laesae) reī factī sunt; paucī huius crīminis absolūtī sunt.
3. Apud Rōmānōs nōn pecūniā aut exiliō, sed morte multābantur (iī), quī virginem Vestālem violāre ausī erant.
4. Is, quī capitis accūsātur, (capitis) absolvī dēbet, nisī sceleris convincī potest.

L **Augustus als milder Richter**

Die als Folge der langandauernden Bürgerkriege entstandene Rechtsunsicherheit versuchte Augustus durch zahlreiche Reformen im Rechtswesen zu beseitigen. Er griff auch persönlich häufig in die Rechtsprechung ein. Hiervon zwei Beispiele:

Augustus ipse ius dixit assidue et in noctem nonnumquam, si parum corpore valebat, in lectica[1] pro tribunali[2] collocata sedens vel etiam domi cubans. Dixit autem ius non diligentia modo summa, sed etiam lenitate[3].

Cum quondam de falso testamento ageretur omnesque testamenti signatores[4]
5 lege Cornelia[5] arcesserentur, Augustus iudicibus non tantum duas tabellas[6] illas dedit, quibus reum aut damnare aut absolvere criminis solebant, sed tertiam quoque; qua ignoscere poterant iis, qui fraude vel errore inducti erant, ut signarent.

Cum Aelianus quidam Cordubensis inter cetera crimina maxime maiestatis accusaretur, quod male opinari de Caesare solebat, conversus ad accusatorem[7]
10 Augustus commoto similis[8]: „Velim", inquit, „hominem huius sceleris convincas; faciam, ut sciat Aelianus et me linguam habere; plura enim de eo loquar." Nec quicquam ultra aut statim aut postea inquisivit[9].

Augusto imperante cives raro maiestatis sunt accusati; huius criminis condemnati exilio tantum multati sunt, morte autem Tiberio regnante.

(nach Sueton)

Z Als Tiberius, der Stiefsohn des Augustus, im Verfahren gegen Aelianus größere Strenge forderte, schrieb ihm Augustus:

„Aetati tuae, mi Tiberi, noli in hac re indulgere   *aetās* hier: jugendliches Ungestüm –
et nimium indignari quemquam esse,   *indulgēre* nachgeben – *nimium* zu sehr
qui de me male loquatur;
satis est enim, si hoc habemus,   *hoc habēre* hier: soviel erreichen
5 ne quis nobis male facere possit."

(Sueton, Augustus 51)

---

1) *lectīca, -ae* Sänfte 2) *tribūnal, -ālis* Richterstuhl 3) *lēnitās, -ātis* zu *lēnis, -e* 4) *sīgnātor, -ōris* Unterzeichner (als Zeuge) 5) *lēx Cornēlia* das Cornelische Gesetz (*lēx Cornēlia dē falsīs* gesetzliche Regelung für jede Art von Urkundenfälschung) 6) *tabella, -ae* (Stimm-)Täfelchen 7) *accūsātor, -ōris* zu *accūsāre* 8) *commōtō similis* übersetze: äußerlich erregt 9) *inquīrere* untersuchen, nachforschen

Ü a) Bilde zu den Begriffen ‚Recht/Gericht/Rechtsprechung' ein lateinisches Wortfeld (Substantive, Verben, Adjektive).

b) Stelle aus dem Gedächtnis die lateinischen Verben des gerichtlichen Verfahrens in der Reihenfolge ‚Anklage/Verhandlung/Urteil' zusammen.

c) Zusammenhänge (er)kennen – Vokabellernen mit ‚Köpfchen': Was bedeutet eigentlich: iudicare, iudicium, iudex, benedicere, maledicere, agricultura, auspicium (avis), naufragium (navis), animadvertere, misericordia, quivis, quilibet, meridies (*aus* medidies).

d) Setze die Wörter in Klammern in den richtigen Kasus und übersetze: 1. Athenienses Anaxagoram philosophum (impietas) accusatum (nullum scelus) convicerunt. 2. (Caput) igitur absolutus ne (pecunia) quidem multatus est.

e) Die Suffixe **-tor (-sor)** bzw. **-trix** bezeichnen die in einem bestimmten Bereich *tätige Person* männlichen bzw. weiblichen Geschlechtes. Die Bedeutung der folgenden Substantive wird klar, wenn man die dazugehörigen Verben erkannt hat. Was bedeuten also: accusator, adiutor, adiutrix, auctor, conditor, conservator, creator, cunctator, defensor, genitor, genetrix, imperator, inventrix, laudator, lector, liberator, moderator, narrator, orator, proditor, quaestor, rector, scriptor, spectator, ultor, victor, victrix.

f) Warum wird im Text von L (Zeile 10) betont, daß Augustus *commoto similis*, nicht aber *commotus* sei?
Kann der Ankläger dem Aelianus überhaupt die Majestätsverletzung (die im *male opinari* besteht) nachweisen?
Wie würde Augustus reagieren, wenn Aelianus überführt werden könnte? Nimmt Augustus die vorgebrachte Anklage wirklich ernst? Vergleiche hierzu auch Z.

g) Lies den Abschnitt ‚Konstruieren' S. 121 f. und wende diesen Weg auf L 4–7 an.

I *Māiestās* (Hoheit, Erhabenheit, Würde) ist eine Eigenschaft, die bei den Römern den Göttern, dem römischen Volk, dem Staat und seinen Repräsentanten, aber auch dem *pater familiās* zukam. In der *māiestās populī Rōmānī* drückt sich der Anspruch Roms auf Herrschaft über andere Völker aus, wie auch die Überordnung des Staates und seiner Beamten über den einzelnen Bürger. Als Majestätsbeleidigung galt in der römischen Republik die Kompetenzüberschreitung eines B e a m t e n sowie Hoch- und Landesverrat. Das Vergehen wurde mit Verbannung bestraft. So war es auch noch unter Augustus, der den republikanischen Titel *princeps* führte. Aber schon unter Tiberius nahmen die Majestätsprozesse überhand, und die Verurteilung brachte die Todesstrafe. Aus einem Delikt gegen den Staat war ein Verbrechen gegen die Person des Kaisers oder Mitglieder seiner Familie geworden, das j e d e r m a n n begehen konnte. Als der Kaiserkult Teil der Staatsreligion wurde, konnte jede Unehrerbietigkeit gegen den Kaiser oder sein Bildnis als Religionsfrevel geahndet werden. Daher wurden im römischen Reich auch die Christen des *crīmen māiestātis* beschuldigt und zum Tode verurteilt.
In späteren Jahrhunderten, auch in der Neuzeit, galt die Majestätsbeleidigung als ein schweres Vergehen, weil man glaubte, daß in der Person des Herrschers die Staatsautorität selbst beleidigt werde. In unseren Tagen allerdings müssen führende Politiker persönliche Verunglimpfungen über sich ergehen lassen, besonders während eines Wahlkampfes.

E 1. Cum imperātōris Augustī meminimus, etiam dē sorte familiae eius admonēmur.
2. Huius reī (hanc rem, hoc, haec) nēmō oblīvīscī potest.
3. Augustus saepe Iūliae fīliae: „Utinam", inquit, „vītae tuae tē paeniteat!"
4. Augustus cīvibus: „Multum (magnopere, magnī) meā interest (rēfert) cīvēs Rōmānōs secundum lēgēs vīvere."

L **Augustus sorgt sich um seine Familie**

Augustus war als Kaiser bestrebt, die Sitten im römischen Staat zu erneuern. Es gelang ihm jedoch nicht, diese Vorstellungen auch in seiner eigenen Familie zu verwirklichen. Die Lebensführung seiner Tochter Julia und seiner Enkelin gleichen Namens machte ihm viel Kummer.

Imperatoris Augusti cum multum interesset cives parce et modeste vivere, etiam familiam suam secundum mores maiorum vitam agere voluit. Quare filiam neptesque[1] tam severe educavit, ut eas lanificio[2] assuefaceret[3] vetaretque cum alienis consuetudinem habere.

5 Laetus erat, cum prolis meminerat bonorumque familiae suae morum. Sed fortuna eum destituit. Iuliam filiam et neptem[1] eiusdem nominis, cum vitiis obrutae essent[4], in insulas relegavit[5]; Gaium et Lucium nepotes intra duodeviginti menses amisit ambos. Tertium nepotem Agrippam adoptavit, sed brevi ob ingenium sordidum in exilium misit. Nepotum mortem patienter tulit, dedecora suorum
10 oblivisci non potuit.

Gai Lucique casu fractus non est. Vitae filiae cum eum puderet, ipse consuetudinem hominum diu vitavit. Relegatae[5] Iuliae usum vini omnemque delicatiorem[6] cultum ademit, oblitus autem filiae non est. Post quinque demum annos filiae miseritus est[7]. Quod minime eius intererat filiam in exilio vitam finire, eam ex
15 insula in continentem transtulit lenioresque praebuit condiciones; sed ut omnino eam re-vocaret, adduci nullo modo potuit.

(nach Sueton)

Ü a) Gib die richtigen Ausgänge an und übersetze:

1. Liberi semper parent_ meminerunt. 2. Im-prudentis est alterius vitia cernere, su_ oblivisci. 3. Error_ su_ vir_ prob_ (Sg.) pudet. 4. Homin_ avar_ (Pl.) non pudet avarit_.

b) Bei den Verba impersonalia wird der fehlende Imperativ durch den Konjunktiv ersetzt. Übersetze dementsprechend:

1. Pudeat te huius facti! 2. Id te pudeat! 3. Pudeat vos mentiri! 4. Paeniteat te vitae tuae! 5. Paeniteat vos superbiae!

c) Übersetze und deute die folgende Inschrift eines römischen Ringes:
MEMINI TVI MEMENTO MEI.

---

1) *neptis, -is* Enkelin 2) *lānificium, -ī* Wollespinnen 3) *assuēfacere aliquem rē* einen an etwas gewöhnen 4) *obruere* überschütten, erdrücken 5) *relēgāre* verbannen 6) *dēlicātus, a, um* fein 7) *miserērī* sich erbarmen

d) Unterscheide die verschiedenen Bedeutungen von *rēferre, referre* und *interesse*:
1. Bonos libros vos legere mea maxime refert. 2. Amicus librum per-lectum mihi refert.
3. Nuntius exercitum cladem accepisse refert. 4. Inter ludum et laborem multum
interest. 5. Cur amicus tuus ludo non interest? 6. Recte agere omnium interest.

e) Übersetze: 1. Omnium hominum interest valere. 2. Mea (tua, nostra, vestra) refert
valere. 3. Omnium nostrum (vestrum) interest valere. 4. Omnium multum (magnopere, magni) interest valere. 5. Parentum plurimum (maxime) interest liberos bene
educari. 6. Nihil mea refert, quid alii de me loquantur. 7. Id tua minime refert: illud mea
magni interest; hoc mea parvi interest.

f) Was will Augustus erreichen, wenn er die weiblichen Mitglieder seiner Familie zum
Wollespinnen anhält?
Warum hält er sie vom Umgang mit anderen Menschen fern?
Warum meidet er selbst später längere Zeit die Öffentlichkeit?

Ara Pacis Augustae (Abb. Seite 62 oben)

Zum Dank für den Frieden, den Augustus dem römischen Reich geschenkt hatte,
beschloß der Senat, der Friedensgöttin einen Altar zu errichten. Dieser Altar, der am 4.
Juli 13 v. Chr. gestiftet wurde, stand ursprünglich auf dem Marsfeld vor der Stadt an der
Via Flaminia. Obwohl große Teile des Altars nicht mehr auffindbar sind, ist er dennoch
das Denkmal der augusteischen Epoche, das wir am besten kennen. Die Ara ist heute in
einem eigenen Museum in der Nähe des Mausoleums des Augustus untergebracht. Wie
neueste Grabungen am ursprünglichen Standort gezeigt haben, bildete die Ara Pacis mit
dem Mausoleum und einer riesigen, einen großen Platz einnehmenden Sonnenuhr eine
Einheit.
Die Anlage des Altars besteht aus einem rechteckigen, mit Umfassungsmauern umfriede-
ten Bezirk auf einem Podium, zu dem eine Treppe hinaufführt. In den Längsseiten öffnen
sich zwei große Eingänge. Im Innern steht auf einem dreistufigen Unterbau der eigent-
liche Altar.
Die Umfassungsmauern sind innen und außen mit Reliefs verziert. Die Marmorreliefs
neben den Eingangstüren tragen Platten mit Szenen von der Gründung Roms und der
Frühgeschichte der Stadt. Links vom ursprünglichen Osteingang war das Relief mit Italia
als Mutter Erde angebracht (vgl. Abb. S. 91). Die Südseite des Altars (Abb. Seite 62
unten) zeigt die Prozession anläßlich der Stiftung: in der Mitte Agrippa, den Freund des
Augustus, nach links einen Liktor mit Beil, dann Opferpriester *(flāminēs)* mit spitzen
Hüten; nach rechts den kleinen C. Caesar, den Enkel des Augustus, Sohn seiner
Tochter Julia und des Agrippa, ferner Tiberius, den Sohn der Livia und Nachfolger des
Augustus.

Panzerstatue des Augustus von Primaporta (Abb. Seite 63)

Gefunden 1863 in Primaporta bei Rom in der Villa der Livia. Marmor, Höhe 204 cm, um
19 v. Chr. Der Panzer ist mit figürlichen Reliefs geschmückt: oben der Sonnenwagen, von
Morgenröte und Taugöttin begleitet, in der Mitte die Rückgabe der von den Parthern
53 v. Chr. erbeuteten Feldzeichen an Tiberius, an den Seiten Apollo auf Greif und Diana
auf Hirschkuh reitend, unten Mitte Saturnia Tellus (= Italien) mit Füllhorn, das die
Segnungen des augusteischen Friedenszeitalters symbolisiert.
Die Figur des Amor am rechten Bein des Augustus ist nicht nur Stütze, sondern weist
darauf hin, daß er als Adoptivsohn Cäsars zur *gēns Iūlia* gehört, die ihre Abstammung auf
die Göttin Venus zurückführt.

E

1. Omnibus, ut ait Cicerō, studium litterārum salūtāre est.
2. Virī māximē propria est fortitūdō.
3. Iūdex nōn sōlum iūris perītus, sed etiam iūstitiae studiōsus esse dēbet.
4. Vir vērē Rōmānus amāns reī pūblicae est.

L   Vom Wesen des Staatsmannes

Mehrere Lektionen haben uns die Bedeutung politischen Handelns bei den Römern gezeigt. Die Frage, wie ein Staat und sein Lenker beschaffen sein müßten, beschäftigte vor allem Cicero, der Staatsmann und Philosoph in einer Person war.

Omnes, qui rei publicae praefuturi sunt, haec praecepta tenere debent: unum, ut utilitatis civium semper memores sint, im-memores autem commodorum suorum; alterum, ut omnibus civibus consulant. Multa enim sunt civibus inter se communia: forum, templa, viae, leges, iudicia, consuetudines, amicitiae. Quare
5   res publica unius viri propria esse non potest, sed omnium, sicut amicorum communia sunt omnia.

Qui autem parti civium consulunt, partem neglegunt, ii rem hominibus perniciosam[1] in civitatem inducunt, discordiam omnibus invisam; cupidiores videntur commodorum suorum quam salutis publicae.
10   Ex quo evenit, ut alii populares videantur, alii studiosi optimatium, pauci universorum. Hinc in nostra re publica non solum discordiae, sed etiam bella civilia orta sunt. Ea bonus civis et rerum civilium peritus oderit.
Illae sunt principis viri propriae virtutes:
        nec im-peritus legis est nec ignarus belli,
15   neque expers humanitatis neque inops verborum,
        nec officii neglegens nec laboris fugiens,
    sed amans patriae et metuens deorum et appetens honestatis.

(nach Cicero)

M. Tullius Cicero
Marmorkopf (Höhe 36 cm) aus augusteischer Zeit, nach einem Vorbild aus den letzten Lebensjahren Ciceros.

---

1) perniciōsus, a, um zu perniciēs, -ēī

Ü a) *Amans patriae est, qui patriam amat.* Definiere ebenso: laudis cupidus, ignarus litterarum, praedae particeps, inops consilii, alieni appetens, im-patiens laborum.

b) Übersetze: mensis Martis sacer, mens recti conscia, animus timoris plenus.

c) Vergleiche: 1. Hoc consilium tibi utilissimum est. - Hoc instrumentum ad multas res utile est. 2. Omnibus hominibus mors communis est. - Aer, aqua, ignis omnium hominum communia sunt. 3. Hic adulescens est patris similis. - Nonne canis lupo similis est? 4. Milites, quia multitudini hostium pares non erant, pugnare noluerunt. - Cicero orator, cuius pauci cives pares fuerunt, consul creatus est.

d) Das Suffix **-ōsus** bezeichnet eine *Fülle.* Gib die Bedeutung der folgenden Adjektive an, indem du von dem jeweils dazugehörigen lateinischen Substantiv ausgehst (verwende dabei möglichst die vorgeschlagenen deutschen Adjektivsuffixe): *-voll:* pretiosus, gloriosus, religiosus; *-reich:* numerosus; *-lich:* periculosus, perniciosus; *-ig:* otiosus, studiosus, sumptuosus, lapidosus, luxuriosus; *-isch:* factiosus, invidiosus.

e) Im Lateinischen gibt es zu manchen Präpositionen und Adverbien Adjektive (vgl. deutsch: *gestern* - der *gestrige* Tag). Übersetze: adversus - dux adversarius; contra - ripa contraria; cottidie - labor cottidianus; cras - dies crástinus; prius - virtus prístina; diu - pax diuturna; hodie - dies hodiernus; heri - contio hesterna; extra - hostis externus; intra - discordiae internae; semper - laus sempiterna.

f) Stelle aus L die Aufgaben des Staatsmannes zusammen.
Nenne die Eigenschaften, die nach Cicero einen *princeps vir* kennzeichnen.

Z Ciceros Staatsdefinition:

Est igitur res publica res populi,
populus autem non omnis hominum coetus   *coetus, -ūs* Vereinigung
quoquo modo congregatus,   *congregāre* zusammenscharen, versam-
sed coetus multitudinis   meln
5 iuris consensu et utilitatis communione sociatus.   *cōnsēnsus, -ūs* Übereinstimmung - *com-*
Eius autem prima causa coeundi est   *mūniō* Gemeinsamkeit, Gemeinschaft -
non tam imbecillitas   *sociāre* vereinigen - *eius ... coëundī* für
quam naturalis quaedam hominum quasi   dieses Zusammengehen - *imbēcillitās*
   congregatio;   Schwäche - *nātūrālis, -e* natürlich - *con-*
10 non est enim singulare nec solivagum genus   *gregātiō* Drang zur Gemeinschaft(sbil-
   hoc ...   dung) - *sōlivagus* allein umherschweifend
         (Cicero, Über den Staat I 39)

I Daß ein Politiker nicht an seine Parteifreunde oder seinen eigenen Vorteil denken soll, sondern sich für das Interesse des ganzen Volkes einzusetzen hat, ist eine Forderung, die nicht nur bei den Römern Gültigkeit hatte. In der Bundesrepublik Deutschland leisten der Bundespräsident, der Bundeskanzler und die Bundesminister bei ihrem Amtsantritt den folgenden Eid:
„Ich schwöre, daß ich meine Kraft dem Wohle des deutschen Volkes widmen, seinen Nutzen mehren, Schaden von ihm wenden, das Grundgesetz und die Gesetze des Bundes wahren und verteidigen, meine Pflichten gewissenhaft erfüllen und Gerechtigkeit gegen jedermann üben werde. So wahr mir Gott helfe."
         (Artikel 56 und 64 des Grundgesetzes der Bundesrepublik Deutschland)

E 1. Hominēs hominum auxiliō egent.
2. Nēmō nostrum culpā vacat.
3. Cēnsōrēs senātū movēbant eum, quī in-dīgnus erat.
4. Hominēs ā bēstiīs ratiōne et sermōne differunt.

L Das merkwürdige Verhalten des Kaisers Caligula

Caligula natus erat Germanico et Agrippina, Iuliae filia. Iam puer comitatus est
patrem, cum is in Syriam proficisceretur, ut hostes ab ea provincia arceret.
Ab aliis Caligula valetudine differebat. Puer morbo gravissimo vexatus in adules-
centia ita patiens laborum erat, ut a nullo abesset periculo. Vexabatur insomnia[1]
5 maxime; neque enim plus quam tribus horis nocturnis quiescebat, ne iis quidem
tutus ab imaginibus miris atrocibusque; in toro[2] sedens aut per porticus vagans
exspectare lucem consueverat.
Neque duobus his vitiis Caligula vacabat: summa confidentia[3] et nimio metu.
Quamquam ab reliquis hominibus adeo dissentiebat, ut deos contemneret, tamen
10 per-facile terrebatur. Cum tonabat[4], caput tegebat; etiam separare se ab aliis sub
lectumque condere solebat. Hoc modo se vacuum esse a periculo putabat.
Vestitu quoque a ceteris differebat. Saepe purpuream gemmatamque vestem
indutus[5] in publicum processit, nonnumquam cothurnis[6] incedebat vel etiam
socco muliebri[7]. Plerumque vero aurea barba[8], fulmen tenens aut alia deorum
15 insignia, conspectus est.

(nach Sueton)

Ü a) Übersetze und bestimme die Funktion der Ablative: 1. Brutus rem publicam domina-
tione regia liberavit. 2. Cato annos octoginta quinque natus e vita excessit. 3. Apud
Germanos hospitem tecto arcere nefas habebatur. 4. Germani multum a Gallorum
consuetudine differebant. 5. Romani limite fines suos a Germanis defendebant
(tuebantur). 6. Alter alterius auxilio eget. 7. Quam miserum est carere consuetudine
amicorum! 8. Pompeius imperator brevissimo tempore maria tuta reddidit a praedoni-
bus. 9. Spoliati sumus omni spe salutis.

b) Ordne die in a 1 bis 9 verwendeten Ablative (Separativ mit/ohne Präposition, sonstige
Ablative).

c) Das zumeist an Nominalstämme angefügte Adjektivsuffix **-tus** bedeutet gewöhnlich
‚ausgestattet mit . . .': *vestis gemma-ta* ein mit Edelsteinen ausgestattetes Kleid, ein mit
Edelsteinen besetztes/besticktes Kleid; *barba-tus* mit einem Bart ausgestattet, bärtig.
Was bedeuten die folgenden Adjektive? Gib dabei jeweils das dazugehörige lateinische
Substantiv an: fortunatus, togatus, iratus, dentatus, honestus, onustus, scelestus,
iustus, modestus.

---

1) *īnsomnia, -ae* Schlaflosigkeit   2) *torus, -ī* Bett   3) *cōnfīdentia, -ae* Vertrauensseligkeit
4) *tonat* es donnert   5) *purpuream gemmātamque vestem indūtus* mit einem purpurfarbenen, mit
Edelsteinen besetzten Kleid angetan   6) *cothurnus, -ī* Kothurn (Stiefel mit hohen Sohlen und
Absätzen)   7) *soccus muliebris* (niedriger) Damenschuh   8) *barba, -ae* Bart

d) Übersetze die folgenden Ausdrücke mit der jeweils treffenden deutschen Bedeutung des Adjektivs *gravis* (schwer, drückend, lästig, schwer verdaulich, mühevoll, einflußreich, wichtig, triftig, eindringlich, ernst, schlimm, tief, hart, grausam):

onus grave, labores graves, militia gravis, res gravis, oratio gravis, vulnera gravia, condiciones graves, servitus gravis, cibi graves, causa gravis, senectus gravis, vox gravis, poena gravis, viri graves.

e) Welche der in L berichteten Eigenheiten Caligulas weisen auf einen krankhaften Geisteszustand hin? Stelle die Aussagen zusammen.
Wie wirkt sich die Schlaflosigkeit Caligulas aus?
Was will der Kaiser mit seiner besonderen Kleidung ausdrücken? Welchen Gott stellt er mit dem Blitz in der Hand dar?

Der Geisteszustand Caligulas läßt sich an folgender Szene erkennen, die gleichfalls Sueton berichtet:

„Zuletzt ergriff Caligula eine so große Begierde, im Geld zu wühlen, daß er oft gewaltige Haufen von Goldstücken in einem großen Saal ausbreiten ließ. Mit nackten Füßen ging er dann darauf spazieren oder wälzte sich auch manchmal mit dem ganzen Körper darin."
(Sueton, Caligula 42)

Circus Maximus. Nach dem Rekonstruktionsmodell des antiken Rom im Museo della Civiltà Romana, Rom. Der Bau des C. M. entstand in mehreren Jahrhunderten. Auf einen Holzbau folgte ein Steinbau, der in augusteischer Zeit 150 000, nach dem Wiederaufbau unter Nero 250 000 Plätze faßte. Am Ende des 4. Jh.s n. Chr. war der C. M. 600 m lang, bis zu 200 m breit und bot Platz für 385 000 Zuschauer. Der C. M. liegt am Abhang des Palatin (kaiserliche Paläste). Die Trennlinie *(spīna)* in der Mitte war 340 m lang, auf ihr standen Obelisken, Tempelchen, sieben Eier und sieben Delphine als Rundenzähler und an den Enden je drei Zielsäulen *(mētae)* aus vergoldeter Bronze. Der C. M. diente für Wagenrennen mit Viergespannen, die aus den Boxen an der linken Schmalseite *(carcerēs)* starteten.

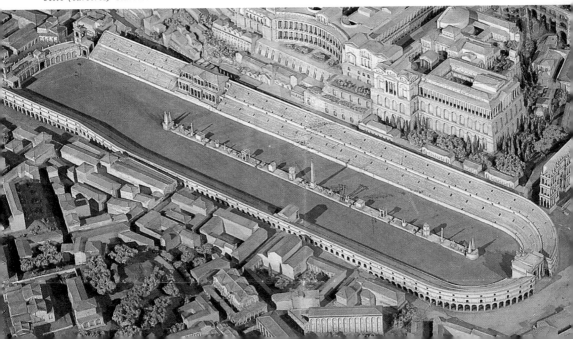

E 1. Nihil ūtilius est sōle.
2. Ratiōne et ōrātiōne nihil melius deus nōbīs dedit.
3. Sōlem ē mundō tollere videntur, qui amīcitiam ē vītā tollunt, quā nihil melius habēmus, nihil iūcundius.
4. Opiniōne (spē) celerius amīcus vēnit.

L **Kaiser Neros Starallüren**

Nero iam puer musicam[1] magis coluit ceteris artibus. Postquam imperium adeptus est, Terpnum citharoedum[2], qui illustrior erat omnibus aequalibus, arcessivit multisque diebus post cenam canere iussit; paulatim et ipse exerceri plus aequo coepit deditque operam, ut vocem suam et conservaret et augeret. Nero cum
5 exspectatione celerius proficeret, prodire in scaenam concupivit; saepe inter familiares Graecum proverbium iactabat[3] nullam artem minus occultari debere musica[1].

Primum in urbe Neapoli prodiit ac, quamquam subito motus terrae solito maior theatrum concuteret, cantare non destitit. Ibidem[4] saepius[5] et per complures
10 cantavit dies. Cum autem vox eius spe celerius fracta esset, tamen mediam in scaenam prodiit promisitque, si paulum bibisset, maxima voce se cantaturum esse Graeco sermone. Quod fecit coram Neapolitanis, quibus nemo tum musicae[1] peritior erat.

Nec minore studio adulescentes equestris ordinis et amplius quinque milia
15 robustissimae[6] iuventutis e plebe elegit; qui divisi in factiones varia plausuum[7] genera discebant, ut Neronem cantantem adiuvarent eique plauderent plus merito.

(nach Sueton)

Ü a) Kennst du für die folgenden Sätze ein deutsches Sprichwort oder eine Redewendung: 1. Tunica (Unterkleid) propior est pallio (pallium, -ī Überwurf). 2. Ferro nocentius (nocēns, -entis verderblich) aurum. 3. Fama nihil est celerius. 4. Nihil est bello civili miserius. 5. Quid est pice (pix, picis Pech, Teer) nigrior, quid nive candidior? 6. Vilius argentum (e)st auro, virtutibus aurum (Horaz).

b) Übersetze die folgenden Sätze mit einer superlativischen Wendung: 1. Vita, qua nihil melius a deo accepimus, sine amicitia et amore tristis esset. 2. Agamemno, dux Graecorum, Dianae deae immolavit Iphigeniam filiam, qua nihil ei erat carius. 3. Secundo bello Punico, quo numquam Romani atrocius bellum gesserunt, opes imperii magis auctae sunt quam aliis bellis. 4. C. Marius, quo neminem Romani saepius consulem creaverunt, equestri loco ortus erat.

---

1) *mūsica, -ae* Musik, Gesang 2) *citharoedus, -ī* Kitharöde (Sänger, der sich auf der Kithara, einem Saiteninstrument, begleitet) 3) *iactāre* hier: im Munde führen 4) *ibīdem* Adv. ebenda, an derselben Stelle 5) *saepius* öfter 6) *rōbustus, a, um* stark, kräftig 7) *plausus, -ūs* das (Beifall-)Klatschen

c) Von Verben abgeleitete Substantive mit dem Suffix **-tiō** bezeichnen gewöhnlich eine *Handlung* oder *Handlungsweise*. Zu *exspectare* erwarten gehört *exspectatio* Erwartung. Erschließe unter Angabe der Verben die Bedeutung der folgenden Substantive:

coniuratio, conservatio, damnatio, desperatio, expugnatio, liberatio, mutatio, narratio, oppugnatio, admiratio, dominatio, cunctatio.

d) Was muß man aus der Tatsache schließen, daß Nero als Claqeure (bezahlte Beifallklatscher) junge Männer auswählt, die mit dem Adjektiv *robustus* gekennzeichnet sind?

e) Lies den Abschnitt ‚Analysieren‘ S. 122 f. und wende diesen Weg auf L 14–17 an.

Z   Der Dichter Horaz schreibt über sein Werk:

Ẹxegị monumẹntum ạere perẹnnius
rẹgaliquẹ sitụ pỵramidum ạltius,
quọd non ịmber edạx, nọn aquilọ ịmpotens
possit dịruere ạut ịnnumerạbilis
5 annorụm serịes ẹt fuga tẹmporum.
(Horaz, Carmina III 30,1–5)

aes, aeris Erz – *perennis, -e* dauernd – *rēgālis situs pȳramidum* der Königsbau der Pyramiden – *edāx* gefräßig – *aquilō* Nordwind – *impotēns* ungestüm, rasend – *dīruere* einreißen, zerstören – *innumerābilis, -e* zu *numerāre* – *seriēs, -ēī* Reihe(nfolge)

Ein Philosoph zeigt keine Furcht vor einem König:

Cyrenaeum Theodorum, philosophum non
  ignobilem, nonne miramur?
Cui cum Lysimachus rex crucem minaretur:
„Istis, quaeso“, inquit, „ista horribilia
5 minitare, purpuratis tuis:
Theodori quidem nihil interest,
humine an sublime putescat.“
(Cicero, Gespräche in Tusculum I 102)

Cȳrēnaeus aus Kyrene – *ignōbilis, -e* unbekannt – *crūcem minārī* mit der Kreuzigung drohen – *horribilis, -e* zu *horrēre* – *minitārī = minārī* – *purpurātus* Höfling

humī auf dem Boden, in der Erde – *-ne an* ob … oder – *sublīme* in der Luft (d. h. am Kreuz) – *pūtēscere* verfaulen

69

E
1. Concordiā parvae rēs crēscunt.
2. Semper nōbīs animō laetō opus est.
3. Dīc mihi, quid tibi opus sit (quae tibi opus sint)!
4. Mercātōris est mercēs parvō emere et plūris vendere.
5. Sapientis est cum hūmānitāte et modestiā vīvere, stultī autem summō studiō petere dīvitiās.

L **Nero als Wagenlenker und Sänger**

Equorum studio a pueritia Nero flagravit[1] plurimusque illi sermo, quamquam vetabatur, de circensibus erat. Imperator factus eburneis[2] quadrigis[3] cottidie in mensa ludebat; ad omnes circenses e villa in urbem curru vehebatur aut clam pedibus ibat. Mox et ipse aurigare[4] atque etiam spectari voluit. Primo in hortis
5 suis magno servorum gaudio quadrigis[3] se exercuit, deinde universorum oculis in Circo Maximo se praebuit. Nec contentus honoribus, quibus spectatores Romani eum affecerunt, Graecorum laudem adipisci decrevit arte sua confisus.

Nam cum Graeciae civitates omnes citharoedorum[5] coronas ad Neronem misissent, Nero talibus laudibus elatus gaudio abundavit; legatos, qui pertulerant
10 coronas, ad epulas invitavit maximisque praemiis affecit. A quibusdam ex his rogatus, ut cantaret inter cenam, Nero omnia paene carmina, quae memoria tenebat, magna voce cecinit. Cum tota domus laude Neronis impleretur, Nero ad legatos manibus erectis: „Soli Graeci", inquit, „audire sciunt, soli Graeci digni sunt me et arte mea! Alia non cupio; Graecorum tantum laude mihi opus est,
15 quam nemo potest parvo emere."

Sine ulla mora in Graeciam nave profectus una cum comitibus certamina obiit omnia.

(nach Sueton)

Ü a) Fülle die Lücken sinnvoll mit jeweils einem der folgenden Substantive:

numerus, milites, lapis, ratio, oratio

1. Solus omnium animalium homo ... et ... praeditus est. 2. Pyrrhus, rex Epiri, ... vulneratus periit. 3. Xerxes apud Salaminem confisus ... navium confligere cupiebat; naves refertae (confertae) erant ...

b) Übersetze treffend: afficere aliquem gaudio, supplicio, laude, clade, dolore; affici morbo, vulnere, laetitia, poena, desiderio, inopia, beneficio.

c) Ordne sinnvoll zusammen:

1. Trans-itus Alpium militibus Hannibalis   a) maxima pecunia locantur.
2. Non potest gratis stare   b) male vendit.
3. In urbibus celebribus domus   c) multo sudore et sanguine stetit.
4. Si mercator merces   d) libertas.
    tanti vendit, quanti emit,

---

1) *flagrāre* entbrannt sein, lodern   2) *eburneus, a, um* elfenbeinern   3) *quadrīgae, -ārum* Viergespann   4) *aurīgāre* Wagenlenker sein   5) *citharoedus, -ī* Kitharöde

Wagenrennen im Circus Maximus. Aus dem Monumentalfilm „Ben Hur". Hinter dem Rennwagen ist die aufgemauerte Spina zu erkennen.

d) Übersetze: 1. Discipulis libris opus est. 2. Discipuli libris utuntur. 3. Hominibus fame laborantibus cibis opus est. 4. Quid *(wozu)* verbis opus est, cum res ipsae loquantur? 5. Quid tibi opus est? 6. Quae tibi opus sunt? 7. Quam pauca homini modesto opus sunt!

e) In urbe Roma operarius *(Arbeiter)* duodecim assibus diurnis *(für 12 Asse pro Tag)* conducebatur. – Ad-itus in thermas quadrante (quadrāns, -antis $^{1}/_{4}$ *As*) stabat.

Vergleiche die Angaben dieser beiden Sätze mit modernen Verhältnissen. Berücksichtige dabei jedoch, daß zur damaligen Zeit eine Tagesration Brot etwa 2 As, ein Liter Wein mittlerer Qualität etwa 3–4 As kostete.

f) Welche Funktion erfüllen die Ablative in den folgenden Sätzen: 1. Multa, quae casu evenire videntur, voluntate et consilio hominum fiunt. 2. Ibam forte via sacra, sicut meus est mos (Beginn eines Gedichtes von Horaz). 3. Nullo pacto fieri potest, ut hic maneatis. 4. Galli Romam adorti sunt hoc consilio, ut urbem et arcem caperent. 5. Qua condicione Carthaginienses Regulum in patriam miserunt? 6. Graeci apud Marathonem summa fortitudine pugnaverunt. 7. Quidquid fit cum virtute, fit cum gloria.

g) Überlege, weshalb die griechischen Städte alle Siegeskränze an Nero geschickt haben.

71

E 1. Plūrēs hominēs fame quam ferrō pereunt.
2. Multī hominēs carminibus dēlectantur.
3. Metū coāctus (prae metū) fīlius vērum nōn dīxit.
4. Parentēs īrā incēnsī fīlium pūnīvērunt.

L   **Vespasian – ein rechtlich denkender Kaiser**

Nach Neros Tod standen Galba, Otho und Vitellius jeweils kurze Zeit an der Spitze des Reiches. Aber erst Vespasian schaffte es, die zerrütteten Verhältnisse im Staat mit straffer Hand wieder zu ordnen. Dies brachte ihm vielfach Kritik ein. Trotzdem nahm er gegen ihn gerichtete Angriffe nicht übel, sondern stand stets über der Sache.

Vespasianus ab initio principatus usque ad exitum comis et clemens erat, mediocritatem[1] pristinam non dissimulavit, sed frequenter etiam prae se tulit. Nihil honorum umquam cupide appetivit; etiam die triumphi fatigatus tarditate[2] pompae[3] professus est merito se hoc labore dolere, quia tam inepte[4] senex triumphum
5   concupivisset. Nec amicorum libertate nec philosophorum contumeliis tristis erat: Licinium amicum, qui meritorum suorum fiducia adductus minus reverens[5] erat erga imperatorem, numquam palam reprehendit prae pudore, sed clam et nullo praesente.
Offensionibus[6] inimicitiisque haud maestus erat; neque umquam suspicione ulla
10   aut metu, ut aliquem perderet, impulsus est. Quicumque autem culpa vacuus erat, non est temere punitus nisi absente Vespasiano aut ignaro aut invito. Ceterum Vespasianus neque caede cuiusquam neque suppliciis gavisus est.

(nach Sueton)

Ü   a) 1. Suche aus L alle Ausdrücke zusammen, die einen Grund für einen Vorgang oder einen Zustand bezeichnen.

2. Welche verschiedenen Möglichkeiten hat das Lateinische dafür?

b) Dux quidam Persarum Lacedaemoniis glorians: „Solem", inquit, „prae multitudine iaculorum (iaculum, -ī *Speer*) et sagittarum non videbitis!" Hi contra: „In umbra igitur pugnabimus."

Wie nennt man noch heute eine solche kurze und zugleich treffende Ausdrucksweise?

c) Übersetze: 1. Ariovistus, rex Germanorum, Caesari respondit transisse Rhenum se non sua sponte, sed rogatum et arcessitum a Gallis. 2. Quam multa, quae nostra causa numquam faceremus, facimus amicorum causa. 3. Philosophus quidam Graecus censuit omnia, quae moventur, aut natura moveri aut vi aut voluntate.

d) Vom Partizipialstamm vieler Verben werden Substantive auf **-tiō** bzw. **-siō** gebildet (vgl. Ü 98c). Sie bezeichnen eine *Handlung* oder *Handlungsweise*, z. B. *(offendere, offendo, offendi) offensum* (anstoßen, antreffen, beleidigen) → *offensio* Anstoß,

---

1) *mediocritās, -ātis* Unbedeutendheit, Einfachheit   2) *tarditās, -ātis* zu *tardus, a, um*   3) *pompa, -ae* Festzug, Prozession   4) *ineptus, a, um* unpassend, albern   5) *reverēns, -entis* ehrerbietig   6) *offēnsiō, -ōnis* zu *offendere*

Beleidigung. Erkläre ebenso: admonitio, persuasio, confessio; inventio, largitio; repetitio, fictio, distinctio, instructio, contemptio, dimissio, divisio, contentio, proditio, actio, collectio, defensio, quaestio, consecutio.

e) Stelle aus L die positiven Eigenschaften Vespasians zusammen. Vergleiche Vespasian mit Caligula und Nero (L 97 bis 99).

Z Kaiser Vespasian trifft einen Kyniker:

Cum Demetrius philosophus Cynicus
in itinere quondam
Vespasiano imperatori obvius esset
odioque post damnationem permotus
5 neque surgeret neque salutaret,
sed insolentia gloriaretur,
oblatrans etiam nescio quid,
Vespasianus minime ira incensus
satis habuit philosophum canem appellare.

(Sueton, Vespasian 13)

Cynicus kynisch (vgl. I)

obvius sum ich begegne
post damnātiōnem D. war wegen fortgesetzter Angriffe auf den Kaiser aus Rom verbannt worden – *īnsolentia* Unverschämtheit – *oblātrāre* entgegenbellen – *nesciō quid* irgendwas
satis habēre sich damit begnügen

I Demetrius war ein Anhänger der philosophischen Lehre der ‚Kyniker‘, die mit ihrer Forderung nach völliger Bedürfnislosigkeit Kritik an den Bedürfnissen der Gesellschaft übten. Die Kyniker zogen in einer eigenen Tracht, einem abgeschabten Mantel, einem Knotenstock und einem Ranzen, durch die Lande. In ihrem heruntergekommenen Äußeren wirkten sie oft wie ‚streunende Hunde‘. Ihr Name ist vom griechischen Wort *kyōn* ‚Hund‘ abgeleitet.

Ein Philosoph. Ausschnitt aus einem Wandgemälde der Villa von Boscoreale bei Pompeji. 2. Hälfte des 1. Jh.s v. Chr.

E
1. Quī suīs commodīs omnia mētītur, vir bonus appellārī nōn potest.
2. Nōn opibus, nōn veste hominem iūdicēmus, sed mōribus!
3. Quō (quantō) quis est doctior, eō (tantō) est modestior.
4. Nōnnūllī imperātōrēs Rōmānōrum magnā crūdēlitāte[1] erant.

L   **Kaiser Domitian – in jeder Hinsicht ein Extrem**

Imperatore Tito defuncto Domitianus accepit imperium, frater eius minor natu.
Caligulam vel Neronem crudelitate[1] paene aequavit. Nihilo minus primis imperii
annis a Tito fratre modestia haud differre videbatur; ille enim, cum esset magna
humanitate, maximas assecutus erat laudes. Nonnullis autem annis post ad
5   ingentia vitia progressus est Domitianus omnesque ante se imperatores libidine,
iracundia[2], avaritia aliquanto superavit. Tot et tantis vitiis excellebat, ut merita et
patris et fratris irrita faceret. Interfecit nobilissimos senatorum. Pristinis impera-
toribus adeo praestitit arrogantia, ut primus dominum se ac deum appellari
iuberet. Qui quo maiore erat superbia, eo magis odio esse omnibus coepit; nec
10   multo post oppressus est amicorum coniuratione[3].
Consueverat Domitianus suis commodis metiri omnia hominesque contemnere;
pavidus[4] semper animoque fractus vel minimis suspicionibus praeter modum
commovebatur. Mortis hora appropinquante ne Neroni quidem cessit timore.
Occisus est quadragesimum quintum aetatis annum agens; imperii implevit
15   annos numero quattuordecim.

(nach Eutropius und Sueton)

Ü   a) Gib bei den folgenden Sätzen alle Ausdrücke an, die einen Ablativ des Maßes enthalten. Welche Ablative kommen darin sonst noch vor?

1. Marcus aliquanto minor (natu) est Lucio fratre, multo autem maior (natu) Cornelia
sorore. 2. Multo praestat virtus divitiis. 3. Catilina fuit magna vi et animi et corporis,
sed ingenio malo pravoque. 4. Caesar excelsa statura fuit, colore candido, nigris oculis.
5. Etsi nihil impetravi, nihilo minus contentus sum. 6. Exercitus hostium dimidio fere
maior erat quam exercitus Romanus. 7. Quo quis magis laudari meretur, eo facilius
reprehendi patitur.

b) *laus*   Lob, Ruhm   *laudes*   Lobreden, ruhmvolle Taten
suspicio   Verdacht   *suspiciones*   Verdachtsgründe, verdächtige Umstände

Suche, ähnlich diesen Beispielen, treffende deutsche Übersetzungen für die folgenden
Pluralformen: timores, irae, aetates, mortes, vina, imbres, nives.

c) Zusammenhänge (er)kennen – Vokabellernen mit ‚Köpfchen': ‚Binde, Band, Bund' –
3 Wörter, aber 1 Wurzel (bind-). Auch die lateinische Sprache kennt den Wechsel des
Vokals in der Stammsilbe (Ablaut), häufig den Wechsel von *e* nach *o*. Vergleiche:

---

1) *crūdēlitās, -ātis* zu *crūdēlis, -e*   2) *īrācundia, -ae* Jähzorn   3) *coniūrātiō, -ōnis* zu *coniūrāre*
4) *pavidus, a, um* verängstigt, furchtsam

teg-ere	:	tog-a	nec-are	: noc-ere	reg-ere[5]	: rog-are[6]
pend-ere[1]	:	pond-us	ser-ere	: sor-s[3]	ex-cell-ere	: coll-is
sequ-i	:	soc-ius[2]	fer-re	: for-s[4]	terr-a[7]	: torr-ere[8]
men-s	:	mon-ere	for-tuna			

d) An welchen Stellen von L sind Hyperbata verwendet?

e) Domitian verfiel nach seiner Ermordung wie vor ihm Nero der sog. *damnatio memoriae*, d. h. er wurde vom Senat zum Staatsfeind erklärt, seine Statuen wurden beseitigt, sein Name aus den Inschriften entfernt.
Stelle die negativen Eigenschaften und die Untaten Domitians zusammen. Vergleiche daraufhin Domitian mit seinem Vater Vespasian (L 100).

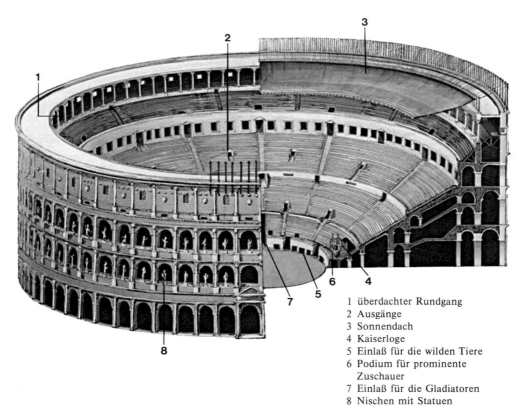

1 überdachter Rundgang
2 Ausgänge
3 Sonnendach
4 Kaiserloge
5 Einlaß für die wilden Tiere
6 Podium für prominente
  Zuschauer
7 Einlaß für die Gladiatoren
8 Nischen mit Statuen

Rekonstruktionszeichnung des Kolosseums in Rom

Der Bau wurde unter den flavischen Kaisern Vespasian, Titus und Domitian errichtet, sein antiker Name ist *amphitheātrum Flāvium*. Der äußere Ring ist 50 m hoch, die Durchmesser des elliptischen Baues betragen 188 bzw. 156 m. Moderne Berechnungen ergaben 68 000 Sitzplätze und 5 000 Stehplätze. Der Name ‚Kolosseum‘ stammt von einer Kolossalstatue des Sonnengottes, die Neros Gesichtszüge trug und in der Nähe stand.

1) *pendere, pendō, pependī, pēnsum* abwiegen (eigtl. an die Waage hängen) 2) ‚der Gefolgsmann‘
3) ‚Losreihe‘ 4) ‚die Schickung‘, der Zufall 5) ‚geraderichten‘ 6) eigtl. die Hand ausstrecken
7) ‚die trockene‘ Scholle 8) *torrēre, torreō, torruī, tostum* ausdörren (Toast)

E 1. Ubi sumus?   – Corinthī, Rōmae, Carthāgine, Athēnīs, Dēlī,
in Siciliā, in urbe Rōmā, domī, rūrī.

2. Quō īmus?   – Corinthum, Rōmam, Carthāginem, Athēnās,
Dēlum, in Siciliam, in urbem Rōmam, domum,
rūs.

3. Unde venīmus? – Corinthō, Rōmā, Carthāgine, Athēnīs, Dēlō,
ē Siciliā, ex urbe Rōmā, domō, rūre.

L   **Kaiser Hadrian – ein Leben lang auf Reisen**

Imperator Hadrianus, natus Italicae in Hispania, iam puer Romam venit, ut eo
loco educaretur. Viginti annos natus Roma in Germaniam profectus est, ut
Mogontiaci imperatorem Traianum conveniret. Annis autem sequentibus multas
regiones orbis terrarum terra marique per-migravit.

5   Traiano mortuo ipse imperator factus tota Italia adiit oppida. Postea Galliam et
Britanniam petivit; in Britannia murum duxit, qui barbaros Romanosque divideret[1], multosque incolas obsidum loco accepit.

Deinde in Hispaniam, ex Hispania in Africam transgressus est[2], ubi Maurorum
seditionem oppressit. Brevi in Cretam navigavit, a Creta Ephesum in Asiam

10   profectus est. Itineribus tota Asia factis Athenas se contulit ibique hiemavit.
Anno sequenti Delum nave profectus est aliasque Cycladum in insulas. Delo
iterum venit Athenas multaque in ea urbe aedificia exstruxit. Athenis e portu in
Siciliam navigavit, in qua Aetnam montem ascendit.

Senex itineribus fessus Tibur rus secessit; putabat enim ruri remissius[3] se vivere

15   posse; Tibure amplissimam sibi villam exstruxit. Neque multo post Baiis mortem
obiit.

(nach der Historia Augusta und S. Aurelius Victor)

Ü a) Übersetze: 1. Domi esse pulchrum est. Sed feriis domo rus ire solemus. Aestate exeunte
autem rure domum revertimur. 2. E domo vetere in domum novam migramus. 3. Alci-
biades in domo Periclis educatus est.

b) Übersetze die folgenden Ortsangaben und erkläre die jeweilige Ausdrucksweise:

Profecti sumus Romam, Ephesum, Carthaginem, Tibur, Athenas, Delphos; navi-
gavimus Ithacam, Delum, Salaminem, in Cretam – profecti sumus Roma, Corintho,
Carthagine, Syracusis, Pompeiis; nave revertimus Ithaca, Naxo, Salamine, e Sicilia –
versabamur Romae, Ephesi, Ithacae, in Britannia; natus est Tibure, Athenis.

c) Übersetze: in oppidum Baias venire; Seleuciam in Syriam proficisci; ex urbe Roma
proficisci; Brundisio e portu in Graeciam navigare; Athenis e Graecia reverti; in oppido
Mogontiaco hiemare; in urbe Epheso versari; Ephesi, in urbe Asiae, versari.

d) Suche aus dem folgenden Text alle Ortsangaben heraus. Trenne sie nach solchen mit
und solchen ohne Präposition. Versuche eine Regel aufzustellen.

---

1) *divideret* übersetze: . . . trennen sollte   2) *trānsgredī* hinübergehen   3) *remissus, a, um* zurückgezogen, entspannt

1. Imperator Hadrianus totis provinciis dilectum habere constituit, ut bellum contra Iudaeos pararet. 2. Prope Hierosolyma loco idoneo castra fecit. 3. Iudaei iniquo loco pugnare cogebantur. 4. Omnibus locis acriter pugnatum est. 5. Equites Romanorum hostes fugientes locis apertis insecuti sunt. 6. Clade nuntiata tota urbe concursus *(Auflauf)* hominum factus est. 7. Hierosolyma denuo *(von neuem)* deleta sunt. 8. Toto orbe terrarum raro pax est; nam quibusdam in partibus iterum atque iterum bella geruntur.

e) Suche alle in L vorkommenden geographischen Namen auf der Karte (Vorsatzblätter). Versuche, die Reiserouten Hadrians aufzuzeichnen. Wieviele Kilometer kommen dabei ungefähr heraus? Trenne nach Land- und Seewegen. Benütze dabei den Geographieatlas.

f) Überlege, warum Hadrian so ausgedehnte Reisen unternommen hat.

Z Der Dichter Florus, Zeitgenosse und Freund Hadrians, kritisierte einmal in einem kleinen Gedicht die Unruhe und Reiselust des Kaisers:

Ego nolo Caesar esse,	Ich möchte nicht der Kaiser sein,
ambulare per Britannos,	reisen immer durch Britannien,
latitare per Germanos,	heimlich hocken bei Germanen,
Scythicas pati pruinas.	dazu Skythiens Fröste leiden …

Darauf antwortete Hadrian mit großer Ironie und Schlagfertigkeit:

Ego nolo Florus esse,	Ich möchte nicht der Florus sein,
ambulare per tabernas,	reisen immer durch die Kneipen,
latitare per popinas,	heimlich hocken in den Küchen,
culices pati rotundos.	dazu runde Schnaken leiden …

(Übersetzung von K. Büchner)

Hadrian ließ im Park seiner riesigen Villa in Tibur (heute Tivoli) Architektur nachbauen, die ihn auf seinen Reisen durch das Imperium beeindruckt hatte. Die abgebildete Anlage, der sog. Canopus, sollte an einen Kanal bei Alexandria erinnern. Im Hintergrund befand sich eine Nymphengrotte.

103

1. Nostrīs temporibus hominēs et in pueritiā et in senectūte regiōnēs
īgnōtās obīre cupiunt.
2. Fēriīs proximīs Rōmam vīsitābimus.
3. Paucīs diēbus in Italiam perveniēmus.
4. In bellō inopia cīvium in diēs crēscit.

L **Plinius d. Ä. arbeitet ‚rund um die Uhr'**

Der Schriftsteller Plinius d. J. stellt in einem Brief an seinen Freund Macer den Arbeitseifer seines
Onkels, C. Plinius d. Ä., dar; dieser war hoher Staatsbeamter und zugleich bedeutender Natur-
forscher. Beim Ausbruch des Vesuvs im Jahre 79 n. Chr., der die Stadt Pompeji zerstörte, kam auch
Plinius d. Ä. ums Leben.

C. PLINIUS MACRO SUO SALUTEM.

Avunculus meus multos libros scripsit, eosque non modo in pace, sed etiam in
bello. Omnia enim, quae cum Germanis gessimus, bella colligere incohavit, cum
in Germania militaret[1]. Miraris, quod tot libros scripsit avunculus, magis mirabe-
5 ris, si scieris illum etiam causas egisse superioribus annis. Decessit anno vitae
sexto et quinquagesimo.
Erat ei acre ingenium, incredibile studium, summa vigilantia[2]. Lucubrabat[3] multa
nocte; hieme vero iam tertia vigilia. Ante lucem ibat ad Vespasianum imperatorem (nam ille quoque nocte laborabat), inde ad officium suum.
10 Cibum levem et facilem veterum more saepe in die sumebat; aestate, si quid otii
erat, iacebat in sole, liber legebatur. Post solem plerumque frigida aqua lavabatur,
deinde gustabat[4] dormiebatque exigua horae parte. Tum studebat in cenae tempus; inter hanc liber legebatur – tanta erat parsimonia[5] temporis. Surgebat aestate
a cena luce, hieme prima vigilia. Haec inter medios labores urbisque fremitum!
15 Nam perire omne tempus arbitrabatur, quod studiis non impenderetur.
Quis ex istis, qui tota vita litteris student, conferri cum illo potest nostra aetate?
Vale.

(nach Plinius d. J.)

Ü a) Übersetze und erkläre die Zeitangaben: 1. Antiquis temporibus homines solis ortu e
lecto surgere, solis occasu cubitum *(zu Bett)* ire solebant. 2. Primo bello Punico Regulus a Poenis captus est. 3. Biduo aut triduo hoc opus perficiemus. 4. Decet et in rebus
secundis et in rebus adversis aequam mentem servare. 6. Si quid proficere volumus,
non solum in praesens, sed etiam in posterum discere debemus. 7. Ter in die edere solemus. 8. Vale in perpetuum! 9. Ulixes decem annos per maria erravit. 10. Pater meus
quadraginta quinque annos natus est. 11. Soror mea septimum decimum aetatis annum
agit.

b) Übersetze die folgenden Ausdrücke mit der jeweils treffendsten deutschen Bedeutung
des Adjektivs *acer* (scharf, gellend, stechend, hitzig, heftig, grausam, scharfsinnig,
feurig, tatkräftig, bissig, energisch, mutig, streng):

---

1) *militāre* Kriegsdienste leisten   2) *vigilantia, -ae* Wachsamkeit   3) *lūcubrāre* bei Licht arbeiten
4) *gustāre* einen Imbiß einnehmen   5) *parsimōnia, -ae* Sparsamkeit

oculi acres, vox acris, dolor acer, proelium acre, cupiditas acris, supplicium acre, iudicium acre, animus acer, ingenium acre, canis acer, vir acer, milites acres, iudex acer.

c) Die zumeist an Nominalstämme angefügten Suffixe **-ius, -icus** und **-nus (-ānus, -īnus)** bezeichnen gewöhnlich eine *Herkunft,* eine *Zugehörigkeit* oder ein *Merkmal.* Zu welchen Nomina gehören die folgenden Adjektive und was bedeuten sie: regius, senatorius, censorius, oratorius, patrius, plebeius, patricius; bellicus, modicus, publicus *(aus* pop(u)licus), unicus, Punicus, domesticus; paternus, maternus, fraternus, alienus; urbanus, veteranus, Romanus, Syracusanus, Octavianus; femininus, libertinus, vicinus, Capitolinus, Constantinus.

d) Suche in L je ein Beispiel für Hyperbaton, Trikolon und Asyndeton.

e) Was meint Plinius d. J. mit dem Satz ‚Haec inter medios labores urbisque fremitum!' (L 14)? Ist eine Lebensführung wie die des älteren Plinius auch heute noch möglich? Ist sie erstrebenswert? Läßt sich auf sein Leben der moderne Begriff ‚Streß' anwenden?

 Tageseinteilung bei den Römern

Die Römer teilten die Zeit von Sonnenaufgang bis -untergang in zwölf gleiche Einheiten *(hōrae).* Die Nacht hatte vier Abschnitte *(vigiliae).* Die XII *hōrae* und die IV *vigiliae* hatten im Sommer und im Winter verschiedene Länge; festgelegt war lediglich die abgelaufene 6. Stunde des Tages (= Mittag) und das Ende der 2. ‚Wache' (= Mitternacht). Bei Tagesanbruch oder vorher stand der vornehme Römer auf, machte Toilette, erledigte die Korrespondenz und nahm ein leichtes Frühstück zu sich. Der Vormittag gehörte der Arbeit; zur Mittagszeit nahm er ein zweites Frühstück ein und hielt eine kurze Ruhe. War er dann frei von Arbeit, so widmete er den Nachmittag der Körperpflege mit Gymnastik und Bad oder dem Studium. Zwischen 16 und 17 Uhr unserer Zeit begann die Hauptmahlzeit, die sich auch bei bescheidenen Leuten bis in die ersten Nachtstunden hinzog.

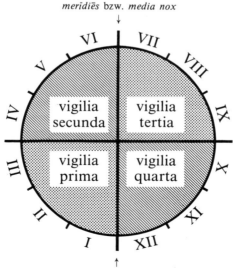

merīdiēs bzw. *media nox*

I bis XII
= *hōrae diēī*

sōlis ortus bzw. *sōlis occāsus*

E
1. Nōn omnēs puerōs iuvat discere.
2. Multī puerī cupidī sunt discendī.
3. Nōnnūllī neque discendō operam dant neque ad discendum parātī sunt.
4. Discendō memoria exercētur.

L **Freistunden sind immer erwünscht!**

Zwei Schüler, Marcus (M.) und Cornelius (C.), unterhalten sich über die Möglichkeit, ihren Lehrer (Mg.) zur vorzeitigen Beendigung des Unterrichts zu bewegen.

M.: Iam diu et animus et caelum invitat ad ludendum, sed magister solus non invitat.

C.: Eamus ergo ad magistrum, ut nos ludendi causa praemature[1] dimittat!

M.: Magister haud cupidus est discipulos dimittendi; nam citius clavam[2]

5   ex-torseris e manu Herculis quam ab hoc ludendi veniam[3].

C.: At olim illo nemo fuit ludendi avidior.

M.: Verum, sed iam olim ille oblitus est se fuisse puerum.
Tamen suppliciter precando et multa pollicendo fortasse impetrabimus, ut magister nos dimittat. (Eunt ad magistrum.)

10 C.: Salve, magister optime!

Mg.: Satis iam salveo[4]. – Dic, quid tibi velis!

C.: Totus discipulorum tuorum grex hodie studendi haud cupidus est. Oramus te, ut nobis facultatem des animum et vires reficiendi. Cras operam dabimus studendo, te, magistrum nostrum, delectabimus vehementer labo-

15   rando et officia diligenter ex-plendo.

Mg.: Quis vestrum promittere potest hoc esse futurum?

C.: Ego capitis mei periculo non dubito promittere.

Mg.: Immo culi[5] periculo potius. – Ludant ergo discipuli et ludendi causa in hortum exeant!

(nach Erasmus von Rotterdam)

Ü a) Übersetze die folgenden Sentenzen: 1. Scribere scribendo, dicendo dicere disces. 2. Deliberando saepe perit occasio. 3. Nulla aetas ad discendum sera *(zu spät)*. 4. Sunt tempora flendi, sunt tempora laetandi. 5. Deliberando multos vitabis errores. 6. Gutta *(Tropfen)* cavat (cavāre *aushöhlen*) lapidem non vi, sed saepe cadendo.

b) *studium laborandi:* der Eifer des Arbeitens, der Eifer zu arbeiten, der Arbeitseifer
Übersetze ebenso: ars aedificandi, cupiditas regnandi, studium discendi, ars scribendi.

c) Übersetze die folgenden Ausdrücke: modus vivendi – ars vera ac falsa diiudicandi (diiūdicāre *unterscheiden*) – dicendi peritus – obviam eundo periculis – magis dando quam accipiendo beneficia – colloquendi causa – simulandi gratia – cupidus urbem videndi – vocabula discendo.

---

1) *praemātūrus, a, um* vorzeitig 2) *clāva, -ae* Keule 3) *venia, -ae* hier: Erlaubnis 4) *salvēre* gesund sein, sich wohlbefinden 5) *cūlus, -ī* der Hintern

d) Setze die erforderliche nd-Form ein: 1. Nonnullorum discipulorum cupiditas (discere) magna non est. 2. Nam caelum serenum eos a (studere) abducit et ad (ludere) invitat. 3. Interdum etiam fessi sunt, et magister, qui (docere) peritus est, eis facultatem vires (reficere) dat. 4. (ludere) causa clamantes in hortum properant. 5. Sed (clamare) alios turbant.

e) Bestimme: laudando, laudanti, laudati, laudandi, laudi, iucundi, incendi, incendio, aliquando, defendo, defendi, defendendi.

f) Viele Verben auf **-āre** oder **-ire** werden von Substantiven oder Adjektiven abgeleitet: *cur-are* (von *cura*), *saev-ire* (von *saevus*), *prec-ari* (von *preces*). Erschließe die Bedeutung der folgenden Verben aus den ihnen zugrundeliegenden Substantiven bzw. Adjektiven: gloriari, lacrimare, dominari, numerare, donare, regnare, comitari, fraudare, hiemare, honorare, iudicare, nominare, onerare, salutare, vocare, vulnerare, sperare, aequare, durare, firmare, laetari, liberare, probare, sanare, levare, memorare – servire, custodire, finire, partiri, sitire, sortiri, vestire, lenire, e-rudire.

g) Was will Marcus ausdrücken, wenn er meint (L 4 f.), eher würde man die Keule der Hand des Herakles entreißen als dem Lehrer die Erlaubnis zum Spielen?

Erasmus von Rotterdam. Kupferstich von Albrecht Dürer

Erasmus sitzt am Schreibpult, die Bücher sind ein Zeugnis seiner Gelehrsamkeit, die Blumen verraten seinen Sinn für Schönheit. Was bedeutet die lateinische Inschrift?
Die griechische Inschrift bedeutet: *Das bessere Bild werden seine Schriften zeigen.*

E
1. Nōlīte omittere ūllam occāsiōnem memoriae exercendae (memoriam exercendī).
2. Vocābulīs discendīs (vocābula discendō) memoria exercētur.
3. Lacedaemoniī līberōs ēducābant ad labōrēs tolerandōs.
4. Philosophōrum propria est cupiditās vērī videndī (vērum videndī).
5. Librōs legendōs tibi mittō.

L **Fortschrittliche Gedanken eines antiken Pädagogen**

Magister educandi peritus liberos non cogit studere perpetuo. Nam liberi non continuo[1] memoriae exercendae vel corrigendis erroribus operam dare possunt.
Dare debet magister discipulis aliquam in discendo remissionem[2] et facultatem sui recreandi (vires recreandi, virium recreandarum); nam discipuli recreati et
5 plus virium afferunt ad discendum et acriorem animum ad res gerendas.
Modus tamen sit remissionibus[2], ne aut odium studendi exsistat, cum negantur remissiones, aut consuetudo nihil agendi, cum nimiae sunt.
Sunt etiam nonnulli lusus[3] acuendis[4] puerorum ingeniis non in-utiles, cum liberi ponendis invicem quaestionibus inter se certant.
10 Caedi[5] vero discentes, quamquam a quibusdam probatur, minime velim. Nam liberis verberandis[6] (liberos verberando) nihil proficient magistri, quia servile est et certe iniuria.
Erudiamus ergo liberos non castigando[7], sed imitandis bonis exemplis (bona exempla imitando)! Etiam in eligendis magistrorum moribus curam habere decet,
15 nam mali magistri malis praebendis exemplis nocent liberis. Videant ergo parentes, ne talibus tradant magistris liberos erudiendos!

(nach Quintilian)

Ü
a) Suche für die folgenden nd-Konstruktionen passende Übersetzungen: 1. industria laudanda – homo non ferendus 2. occasio itineris faciendi – cupidus belli gerendi – vir regendae rei publicae peritus – valetudinis firmandae causa – sui liberandi gratia 3. vocabulis discendis operam dare – diem constituere agendae rei 4. ad fruendas voluptates 5. pace facienda – remedio adhibendo – causis explicandis – de captivis reddendis colloqui.

b) *Tempus est epistulam scribendi = tempus est epistulae scribendae.*

Gib die richtigen Ausgänge an: 1. Tempus consumo epistulam scribend_ / epistula scribend_. 2. Consilium cepimus relinquend_ patriae / relinquendi patri_. 3. Alien_ terr_ videndi / alien_ terrarum vidend_ cupidi sumus.

c) Übersetze die folgenden Sätze und achte bei jeder nd-Form auf die jeweiligen Beziehungsnomina: 1. Captivi praetori traditi sunt custodiendi. 2. Vestis frigoris depellendi causa inventa est. 3. Natura animalibus in-genuit cupiditatem sui conservandi. 4. Romae quotannis comitia creandis magistratibus habebantur. 5. Romani liberos

---

1) *continuō* ununterbrochen 2) *remissiō, -ōnis* Erholung, Pause 3) *lūsus, -ūs* Spiel 4) *acuere* schärfen, üben 5) *caedere* hier: schlagen, prügeln 6) *verberāre* zu *verbera, -um* 7) *castīgāre* züchtigen, tadeln

saepe servis Graecis educandos commiserunt. 6. Medicus puellae aegrae remedium hauriendum dedit. 7. Caesar ab hibernis in Italiam discedens legatis imperavit, ut quam plurimas naves aedificandas veteresque reficiendas curarent.

d) Weshalb ist beim Lernen richtig bemessene Erholung so überaus wichtig? Kannst du die in L angeführten Gründe noch ergänzen?

e) Quintilian lehnt es ab, Kinder zu schlagen. Welche Gründe hat er dafür? Gelten seine Gründe auch heute noch?

Z Worte des Papstes über Krieg und Waffen:

Hodiernis instrumentis bellicis
terribilis delendi vis inest.
Quare aetate nostra, quae vi atomica gloriatur,
dementia esse videtur
5 bellum putare aptum ad violata iura restituenda.
Tamen populi in rem militarem
pecuniam impendunt amplissimam;
adducuntur consilio deterrendi alios
ab impetu faciendo.
10 At sperandum est
homines in consuetudinibus mutuis
amori obtemperaturos esse, non timori.

hodiernus zu hodiē – bellicus zu bellum
terribilis, -e zu terrēre

dēmentia Wahnsinn

dēterrēre abschrecken

spērandum est es ist zu hoffen, man muß hoffen – cōnsuētūdinēs mūtuae gegenseitige Beziehungen

(aus der Enzyklika ‚Pacem in terris‘
von Papst Johannes XXIII.)

I Strenge und Humanität in der römischen Erziehung

Die altrömische Erziehung war von Strenge und Härte geprägt. Durch den Einfluß der griechischen Kultur änderte sich kaum etwas, da auch die griechischen Erziehungsmethoden wenig kinderfreundlich waren.
Gedächtnis und Nachahmung schätzte man beim Kind am meisten, und um dies zu erreichen, griff man zu Zwangsmaßnahmen und Strafen. Für viele Römer war die Erinnerung an die Schule mit Schlägen verbunden; so nannte Horaz seinen Lehrer den ‚schlägereichen Orbilius‘. Manum ferulae subdūcere, ‚die Hand unter die Rute halten‘, war gleichbedeutend mit ‚in die Schule gehen‘. Wie es scheint, war die Rute das einzige Mittel, mit der ein Lehrer seine Autorität aufrechterhalten konnte. Man vertrat die Auffassung, daß die Kinder noch unfertig, noch roh (rudis) seien und erst durch eine strenge Erziehung, durch ‚Ent-rohung‘ (ē-rudītiō) zu zivilisierten Menschen geformt werden müßten. Kritische Stimmen gegen diese harten Methoden blieben nicht aus. So äußerten Männer wie Quintilian massive Zweifel an der Berechtigung und Wirksamkeit der traditionellen Erziehung. Sie legten Wert auf wetteiferndes Lernen, auf Belohnungen statt auf Strafen und suchten die Liebe zum Lernen in den Kindern zu wecken. Ein Beispiel: Kleine Kinder erhielten, wenn sie Lesen und Schreiben erlernen sollten, Buchstaben aus Elfenbein oder Buchsbaumholz als Spielzeug, bisweilen auch Gebäck in Form von Buchstaben, um ihre Forschritte im Lernen zu belohnen.
Nunc puerī in scholīs lūdunt, sagte zur Zeit Neros der Schriftsteller Petronius und traf mit diesen Worten die Tendenz der Zeit, eine Milderung der althergebrachten strengen Disziplin durchzusetzen. Freilich wurde dieser neue Geist in der Erziehung nur von wenigen mitgetragen, und erst in unserem Jahrhundert hat sich das Verständnis für die eigenständige Welt des Kindes durchgesetzt.

E
1. Audiendum, deinde audendum est.
2. Mīlitibus fortiter pūgnandum est.
3. Ā magistrātibus reī pūblicae cōnsulendum est.
4. Cīvibus Rōmānīs iūra sociōrum servanda, nōn violanda erant.
5. Magistrātibus mūnere fungendum est.
6. Līberīs nōn omnia exempla imitanda sunt.

L Frieden schaffen – eine bleibende Aufgabe für jede Zeit

Gedanken Ciceros über Strafe, Vergeltung, Krieg und Frieden.

Sunt quaedam officia etiam adversus eos servanda, a quibus iniuriam acceperis. Est enim ulciscendi et puniendi modus; atque fortasse satis est eum, qui lacesserit[1], iniuriae suae paenitere, ut et ipse nihil tale postea faciat et ceteri sint ad iniuriam tardiores.

5 Atque in re publica maxime conservanda sunt iura belli. Nam cum sint duo genera decertandi[2], unum per disceptationem[3], alterum per vim, cumque illud proprium sit hominis, hoc beluarum, confugiendum est ad posterius, si uti non licet superiore. Quare suscipienda bella sunt ob eam causam, ut sine iniuria in pace vivatur, parta autem victoria conservandi sunt ii, qui non crudeles in bello,
10 non immanes fuerunt. Mea quidem sententia paci semper est consulendum. Et cum iis, quos vi deviceris, consulendum est, tum ii, qui arma posuerunt, in fidem[4] recipiendi sunt.

(nach Cicero)

Ü a) Ergänze die nd-Formen und übersetze: 1. Epistula scribend_ est. 2. Fides vobis servand_ est. 3. Discipulis officia ex-plend_ sunt. 4. Leges observand_ sunt. 5. Adulescentibus maiores natu verend_ sunt. 6. Medicus arcessend_ erat. 7. Homini cupiditatibus imperand_ est. 8. Militibus subito proficiscend_ erat. 9. Tempore nobis sapienter utend_ est. 10. Discipulis diligenter scribend_ est. 11. Alteri ignoscend_ est. 12. Homini moriend_ est.

b) Übersetze: 1. Orandum est, ut sit mens sana in corpore sano. 2. Ut *(wenn auch)* desint vires, tamen est laudanda voluntas. 3. Pacta sunt servanda. 4. Cunctandum nobis non est. 5. Nemo ante mortem beatus dicendus est. 5. Regulus quamquam non ignorabat se ad crudelissimum hostem proficisci, tamen ius iurandum conservandum (esse) putabat. 7. Notum est illud Catonis: Ceterum censeo Carthaginem esse delendam. 8. Exercenda est mens ediscendis (*ēdiscere auswendiglernen*) poetarum versibus.

c) 1. Bestimme: amans, amandus, amatus; deletus, delendus, delens; audiendus, audiens, auditus.

2. Von welcher Verbform sind folgende Fremdwörter jeweils abgeleitet: Legende, Mandat, Mandant, Konfirmand, absolut, Summand, konsequent, Repetent, konstant, Rezept, Regent, tolerant, Minuend, Student, Dividende.

---

1) *lacessere* hier: angreifen 2) *dēcertāre* eine Entscheidung herbeiführen 3) *disceptātiō, -ōnis* Verhandlung 4) *fidēs, eī* hier: Schutz

d) Übersetze die folgende Aussage Ciceros über die Behandlung von Sklaven (De officiis I 41): Meminerimus autem etiam adversus infimos iustitiam esse servandam. Est autem infima condicio et fortuna servorum, quibus ita utendum est ut mercennariis (mercēnnārius, -ī *Lohnarbeiter*): opera exigenda est, iusta (iusta, -ōrum *der angemessene Lohn*) praebenda sunt.

e) Das meist an Verbalstämme angefügte Suffix **-ium** bezeichnet eine *Handlung* oder ein *Ergebnis* (*colloqu-i* sich unterreden: *colloqu-ium* die Unterredung, das Gespräch). Erschließe die Bedeutung der folgenden Substantive aus den ihnen zugrunde liegenden Verbalstämmen: desiderium, imperium, solacium, gaudium, praesidium, studium, initium, incendium, odium; aedi-ficium, arti-ficium, bene-ficium, sacri-ficium; auspicium *(avis)*, nau-fragium *(navis)*.

f) Cicero spricht in L 5 ff. von zwei Arten, eine Entscheidung herbeizuführen.

   1. Stelle die Merkmale der beiden *genera decertandi* zusammen.

   2. Welchem *genus* gibt Cicero den Vorzug?

   3. Welche Verpflichtungen hat der Sieger nach einer Auseinandersetzung?

g) Lies den Abschnitt ‚Verstehendes Lesen' S. 120 f. und wende diesen Weg auf L 5–8 an.

Z   Eine Strafe soll gerecht sein:

Omnis poena et castigatio contumelia vacare debet	*castigātiō* Züchtigung, Tadel
neque ad eius, qui punit aliquem aut verbis castigat,	*castigāre* tadeln
5 sed ad rei publicae utilitatem referenda est.	
Cavendum est etiam,	
ne maior poena quam culpa sit;	
prohibenda autem maxime est ira in puniendo;	
numquam enim, qui iratus accedet ad poenam,	
10 mediocritatem illam tenebit,	*mediocritās* Mittelweg
quae est inter nimium et parum.	
Iracundia vero omnibus in rebus repudianda est	*īrācundia* Jähzorn
optandumque, ut ii, qui praesunt rei publicae,	
legum similes sint,	
15 quae ad puniendum non iracundia,	
sed aequitate ducuntur.	*aequitās* Gerechtigkeit – *dūcī* sich leiten
(Cicero, Über die Pflichten I 88; 89)	lassen

Die folgenden Seiten vermitteln einen Eindruck der antiken Stadt Pompeji, die zum größten Teil ausgegraben ist:

Seite 86 oben: Eine Straße mit Bürgersteigen. Die Stadt war im August 79 n. Chr. durch einen Ausbruch des Vesuv (der im Hintergrund zu sehen ist) verschüttet worden.

Seite 86 unten: Säulenumstandener Innenhof (Peristyl) im ‚Haus der Vettier'. Die Wände um den Hof und in den Zimmern sind mit prachtvollen Wandmalereien geschmückt.

Seite 87 oben: Basilika auf dem Forum. Blick vom Eingang durch den Innenraum. Der Bau wurde zwischen 150 und 100 v. Chr. errichtet. In ihm trafen sich Geschäftsleute und Anwälte mit ihren Klienten.

Seite 87 unten: Zahlreiche Einwohner wurden durch die Lavamassen begraben. Durch Ausgießen der Hohlräume mit Gips konnten die Körperformen der Opfer sichtbar gemacht werden.

E
1. Saepe fit, ut aliōrum vitia magis cernāmus quam nostra.
2. Est mōs hominum, ut praeterita semper laudent.
3. Bene facis, quod mē adiuvās.
4. Opportūnē fit, quod ad mē venīs.
5. Hominēs hāc rē māximē bēstiīs praestant, quod loquī possunt.

L **T. Pomponius Atticus – ein römischer Weltmann**

Der römische Ritter T. Pomponius war ein reicher und geistig hochstehender Mann. Sein Brief-
wechsel mit Cicero gibt uns eine Vorstellung von einem Weltmann, der wegen seiner griechischen
Bildung und seines langen Aufenthaltes in Athen den Beinamen ‚Atticus' erhielt.

T. Pomponius Atticus cum adulescens vidēret bello civili rem publicam esse
perturbatam neque sibi dari facultatem pro dignitate vivendi, Athenas se contulit,
ut discordiam civium effugeret studiisque se daret, eoque magnam fortunarum
partem traiecit. Hic ita vixit, ut universis Atheniensibus merito esset carissimus:
5 saepe suis opibus inopiam eorum publicam levavit. Auxit hoc officium alia
quoque liberalitate: nam universos frumento donavit ita, ut singulis satis prae-
beretur frumenti.
Athenis autem sic se gerebat, ut communis[1] infimis, par principibus viderētur.
Quo factum est, ut Athenarum cives omnes ei honores publice haberent civem-
10 que facere studerent. Quo beneficio ille uti noluit, quod putabat amitti civitatem
Romanam alia ascita[2]. Mos quoque erat Atheniensium, ut clarissimis civibus
statuas ponerent. Atticus quamdiu Athenis affuit, restitit, ne qua sibi statua
poneretur; absens prohibere non potuit. Itaque aliquot ei statuas posuerunt Athenienses locis sanctissimis, quod eum in omni procuratione rei publicae[3] actorem
15 auctoremque[4] habebant.
Primum illud erat munus fortunae, quod in ea potissimum urbe natus est, in qua
domicilium imperii esset orbis terrarum; hoc autem prudentiae eius exemplum,
quod in Atheniensium civitatem se contulit, quae antiquitate[5], humanitate,
doctrina omnibus praestaret, eique civitati ante alios fuit carissimus.

(nach Nepos)

Ü a) Übersetze und stelle die Satzgliedfunktion der Gliedsätze fest: 1. Per-saepe evenit, ut
utilitas cum honestate certet. 2. Soli hoc contingit sapienti, ut nihil faciat invitus. 3. Qui
fit, ut nemo sua sorte contentus sit? 4. Fieri (non) potest, ut proficiscamur.

b) Übersetze und unterscheide die verschiedenen Bedeutungen von *quod*: 1. Nonnulli
affirmant magnum esse beneficium naturae, quod necesse sit mori. 2. Oracula ex
eo appellata sunt, quod inest in eis deorum oratio. 3. Gratulor tibi, quod in contione
tantae laudes in te collatae sunt. 4. Te reprehendo, quod non fecisti, quod suasi. 5. Id,
quod iniuste fecisti, reprehendo. 6. Quod iniuste facis, in te reprehendo. 7. Male faciunt
homines, quod ventri nimis serviunt.

---

1) *commūnis alicui* hier: leutselig gegen, zugänglich für jemand   2) *ascīscere* hier: annehmen 3) *in
omnī prōcūrātiōne reī pūblicae* in allen Staatsgeschäften   4) *āctōrem auctōremque* übersetze: als
Helfer in Rat und Tat   5) *antīquitās, -ātis* zu *antīquus, a, um*

c) Erläutere an den folgenden Sätzen den Unterschied im Gebrauch von *quod* und *ut*:
   1. Opportune acciderat, quod Gallorum legati Romam venerant. 2. Aliquot de causis
   acciderat, ut Galli belli renovandi consilium caperent. 3. Male evenit, quod mira
   portenta nuntiata sunt. 4. Evenit saepe, ut opiniones ratione vincantur.

d) Stelle fest, welche lautlichen Veränderungen bei einigen mit den Präpositionen **ad, in**
   und **trans** gebildeten Komposita eingetreten sind (wiederhole zugleich die Bedeutung
   der Komposita und der zugrunde liegenden Verben): admonere, adire, accendere,
   afferre, aggredi, alloqui, apportare, attrahere, aspicere; inire, ingredi, imminere, impor-
   tare, illudere; transire, transgredi, transportare, traducere, traicere.

e) Welche Stilfigur liegt in L 5, welche in L 8 und welche in L 19 f. vor?

f) Aus welchen Gründen verläßt Atticus Rom? Welcher lateinische Begriff charakteri-
   siert die Haltung des Atticus in Athen am treffendsten?
   Warum lehnt Atticus öffentliche Ehrungen und das athenische Bürgerrecht ab?
   Mit welcher Begründung wird Atticus von den Athenern durch Statuen geehrt?
   Worin besteht das ‚Geschenk des Schicksals‘ (L 17: *munus fortunae*) für Atticus?

g) Lies den Abschnitt ‚Gliedern in Wortblöcke‘ S. 119 und wende diesen Weg auf L 1–7
   an.

I Stifter und Mäzene

Reiche Leute der Antike haben nicht immer, wie manchmal geglaubt wird, ihr Geld sinn-
los verpraßt und ein Luxusleben geführt. Es hat vielmehr auch Männer gegeben, die mit
ihrem Geld viel Gutes gestiftet haben.
T. Pomponius Atticus, der Freund Ciceros, hat seinen Reichtum dazu verwendet, um
durch eine große Zahl von Schreibern Bücher anfertigen zu lassen; er war also Verleger.
Bei seinen Aufenthalten in Athen hat er sich in vielfältiger Weise für die Stadt und ihre
Bürger eingesetzt (vgl. L).
Ein anderer Förderer von Kunst und Kultur war *C. Cilnius Maecenas,* Freund und Berater
des Augustus. Er stammte aus altem etruskischem Adelsgeschlecht, sammelte ein großes
Vermögen, besaß einen Palast und Gärten auf dem Esquilin in Rom und riesige Län-
dereien in Ägypten. Unsterblichen Ruhm hat er sich durch die Förderung der Dichter
Properz, Vergil und Horaz erworben: dem Horaz schenkte Maecenas ein Landgut, von
dessen Erträgen der Dichter leben konnte. ‚Mäzen‘ nennen wir noch heute einen un-
eigennützigen Menschen, der Kunst und Wissenschaft mit seinem Vermögen fördert.
Im 2. Jh. n. Chr. ist der Grieche *Herodes Atticus* als ‚Mäzen‘ hervorgetreten. Für die Kaiser
Hadrian, Antoninus Pius und Mark Aurel war er Freund, Berater und Lehrer. Herodes
war nicht nur römischer Konsul, sondern auch ein bedeutender Lehrer der Rhetorik und
vielbewunderter Schriftsteller. Seinen unermeßlichen Reichtum – er galt als der reichste
Mann seiner Zeit – verwendete er als Grundlage seiner enormen Bautätigkeit in Griechenland und den übrigen Teilen des römischen Reiches. Die meisten seiner Bauten sind
heute vom Erdboden verschwunden, ihre Steine wurden in späteren Generationen als
billiger Baustoff benutzt.
In Athen ist das Theater des Herodes am Südabhang der Akropolis erhalten. Durch den
Einbau von Sitzreihen konnte es wieder seinem ursprünglichen Zweck zugeführt werden:
es ist ein imposantes Freilichttheater. Ein weiterer Bau des Herodes, das Stadion in
Athen, wurde 1896–1906 an seiner ursprünglichen Stelle in den antiken Maßen wiederauf-
gebaut.

108

E
1. Dīc mihi, quid agās! Nēminem fugit, quid ēgeris.
2. Interrogō tē, num pater hodiē reditūrus sit.
3. Interrogābam tē, utrum ad mē venīrēs an domī manērēs.
Interrogābam tē, venīrēsne ad mē an domī manērēs.
4. Quid faciam? Maneam(ne) an abeam? – Quid facerem? Manērem(ne) an abīrem?

L **Italien – ein unvergleichliches Land**

Der römische Gelehrte und Dichter M. Terentius Varro rühmt in seinem Werk ‚De rebus rusticis‘ die Schönheit und Fruchtbarkeit seiner italischen Heimat. Er erzählt darin von einem Gespräch mit Freunden (unter ihnen C. Agrius, P. Agrasius und Fundanius):

Sementivis feriis[1] in aedem Telluris veneram rogatus ab aeditumo[2]; offendi ibi nonnullos amicos spectantes in pariete pictam Italiam. „Quid vos hic?" inquam. „Num feriae sementivae[1] otiosos vos huc adduxerunt?" – „Nos vero", inquit Agrius, „eadem causa quae te, rogatio[3] aeditumi[2].“

5 Cum consedissemus, P. Agrasius: „Vos, qui multas per-ambulastis terras, num quam cultiorem terram Italia vidistis?"

„Ego vero", inquit Agrius, „nullam arbitror esse, quae tam tota sit culta. Neque scio, an nulla alia comparanda sit terra cum Italia, patria nostra. Annon iure?"

Tum Fundanius: „Dubium non est", inquit, „quin recte dicas; omne enim in 10 Italia utensile[4] non modo nascitur, sed etiam egregium fit. Quod enim triticum[5] conferam Apulo[6], quod vinum Falerno[7], quod oleum Venafro[8]? An Phrygia magis vitibus cooperta[9] est quam haec terra? Nonne arboribus consita[10] est Italia, ut tota pomarium[11] videatur?" Et Agrius: „Interea, dum[12] venit aeditumus[2], docete nos, agricultura quam summam[13] habeat, utilitatemne an voluptatem an utrumque!"

(nach Varro)

Ü a) Mache die folgenden unabhängigen Fragen abhängig, indem du sie den in Klammern stehenden Ausdrücken unterordnest:

1. Quid manu tenes? (Dic mihi). 2. Quid heri egisti? (Neminem nostrum fugit). 3. Quis hoc dixit? (Ignorabamus). 4. Quem vidistis? (Nobis dicite). 5. Qua de causa iam abibis? (Amicus ex me quaesivit). 6. Quando frater tuus redibit? (Scisne).

b) Achte auf die Konjunktionen *an* und *quin* und ihre jeweilige Bedeutung nach bestimmten Ausdrücken: 1. Dubito, an nemo hoc audierit. 2. Haud scio, an id fieri non possit. 3. Haud scio, an erres. 4. Socrates non recusavit, quin venenum hauriret. 5. Non dubito, quin verum dicas. 6. Non me teneo, quin te reprehendam. 7. Nulla causa est, quin discedamus. 8. Fieri non potest, quin vos adiuvemus. 9. Facere non possum, quin te conveniam.

---

1) *fēriae sēmentīvae* Saatfest 2) *aeditumus, -ī* Tempelhüter 3) *rogātiō, -ōnis* Bitte, Aufforderung 4) *ūtensilis, -e* brauchbar (vgl. ‚Utensilien‘) 5) *trīticum, -ī* Weizen 6) *Āpulus, a, um* apulisch (Apulien, Landschaft in Unteritalien zwischen Apennin und Adria) 7) *Falernus, a, um* falernisch (der *ager Falernus* war ein berühmtes Weinanbaugebiet in Kampanien) 8) *Venāfrum, -ī* Ort in Kampanien (mit großen Olivenpflanzungen); der Name des Ortes steht für das Produkt 9) *co-opertus, a, um = opertus, a, um* 10) *cōnserere, - serō, -sēvī, -situm* bepflanzen 11) *pōmārium, -ī* Obstgarten 12) *dum* (solange) bis 13) *summa, -ae* hier: Hauptzweck

c) Übersetze: 1. Utrum tu fratrem visitabis an frater te? 2. Tu(ne) amicum an te amicus deseruit? 3. Venies(ne) ad me annon? 4. Incertum est, utrum ad me venturus sis necne (annon). 5. Permultum interest, utrum perturbatione (*zu* perturbare) animi an consulto fiat iniuria.

d) Die Verben auf **-sc-e-re** bezeichnen meist den *Anfang eines Geschehens* (Verba incohativa): *cre-sc-e-re* wachsen, zunehmen; *na-sc-i* geboren werden, entstehen. Häufig sind sie von Verbalstämmen abgeleitet und haben wie im Deutschen zusätzlich eine Vorsilbe, z. B. *ex-arde-sc-e-re* ent-brennen.
Erschließe die Bedeutung der folgenden Verba incohativa aus den in ihnen enthaltenen Verbalstämmen: coalescere, concupiscere, proficisci (‚sich fortmachen‘), perhorrescere, conticescere, pertimescere, convalescere.

e) Suche in L Beispiele für Ellipse, Hyperbaton und Trikolon.

f) Nenne die vollständigen Formen von *per-ambulastis* (L 5) und *spectasse* (Z 1).

g) Was stellst du dir unter *picta Italia* (L 2) vor?

Z Eine Grundregel römischer Landwirte, von der Varro berichtet:

Duas res imprimis spectasse videntur
   Italici homines in colendo,
possentne fructus pro impensa ac labore redire   *impēnsa* Aufwand, Unkosten – *redīre*
et utrum saluber locus esset annon.   hier: eingehen (von Erträgen) – *salūber,*
(M. Terentius Varro, Von der Landwirtschaft I 2,8)   *-bris, -bre* gesund

Italia als Mutter Erde

Reliefplatte an der Ostseite der Ara Pacis (vgl. I 95). Die Mutter Erde sitzt in der freien Natur, zu ihren Füßen lagern Haustiere; Ähren und Mohn wachsen um sie, mit den Armen hält sie zwei Knäblein. Das Bild ist eine symbolische Darstellung des Friedens, den Augustus dem römischen Reich gebracht hat.

109

E 1. Persuādeō tibi, ut ad mē veniās.
   Persuādeō tibi, nē domī maneās.
2. Videant cōnsulēs, nē quid rēs pūblica dētrīmentī capiat.
3. Cavendum est, nē māior poena sit quam culpa.
4. Timeō, nē amīcus nōn veniat.
5. Ōrandum est, ut sit mēns sāna in corpore sānō.

L **Wie man ein Landhaus bauen soll**

In seinem Werk ‚De rebus rusticis' gibt der römische Gelehrte Varro, ein Zeitgenosse von Cicero und Cäsar, Anweisungen für den Bau einer *villa rūstica.* Dabei führt er aus:

Villa aedificanda est potissimum, ut intra saepta[1] villae habeat aquam, si non, quam proxime. Si omnino aqua non est viva[2], cisternae[3] faciendae sunt sub tectis et lacus sub divo[4], ex altero loco ut homines, ex altero ut pecus uti possit.
Danda opera est, ut potissimum sub radicibus montis silvestris[5] villam ponas,
5 ubi pastiones sint laxae[6], item ut contra ventos, qui saluberrimi in agro flabunt[7].
Sin cogaris secundum flumen villam aedificare, curandum est, ne adversam[8] eam ponas: hieme enim fiet vehementer frigida et aestate non salubris.
Animadvertendum est etiam, ne qua sint proxime loca palustria[9], et propter easdem causas, et quod periculum est, ne ibi crescant animalia quaedam minuta[10],
10 quae non possunt oculi consequi quaeque per aera intus in corpus per os et nares[11] perveniunt atque efficiunt difficiles morbos.
Vitandum est, ne in eas partes spectet villa, e quibus ventus gravior ad-flare[7] soleat, neve in convalle[12] cava eam ponas, et curandum, ut potius in sublimi loco aedifices: quod a sole toto die illustratur, salubrior est et bestiolae[13], si quae prope
15 nascuntur et inferuntur, aut ef-flantur[7] aut aritudine[14] cito pereunt.

(nach Varro)

Ü a) *Rogo eum, ut veniat.* Ich bitte ihn zu kommen.

   Übersetze nach diesem Muster: 1. Moneo te, ut leges observes. 2. Magister discipulos hortatus est, ne quam occasionem scientiae augendae omitterent. 3. Quis vos impedivit, ne ad nos veniretis? 4. Metuo, ne sero veniam.

b) Achte auf die Konjunktion **ne** und ihre Übersetzung nach bestimmten Verben: 1. Num timuistis, ne hodie veniremus? 2. Te non impediam, ne hoc facias. 3. Cave (ne) abeas! 4. Ad Salaminem angustiae loci prohibebant, ne circum-ire Graecos possent Persae. 5. Socrates recusavit, ne e carcere fugeret.

c) Die *Verkleinerung* (Deminutiv) oder *Verniedlichung* – im Deutschen -chen und -lein – wird im Lateinischen durch die Suffixe **-ulus (a, um)**, **-culus (a, um)** und **-ellus (a, um)** ausgedrückt. Nach *i* erscheint die Lautform **-olus (a, um).**

---

1) *saepta, -ōrum* Einfriedung   2) *vīvus, a, um* hier: fließend   3) *cisterna, -ae* Zisterne   4) *sub dīvō* im Freien   5) *silvestris, -e* zu *silva, -ae*   6) *pāstiōnēs laxae* ausgedehnte Weideplätze 7) *flāre* wehen   8) *adversam* übersetze: dem Fluß zugewandt   9) *palūster, -tris, -tre* zu *palūs, -ūdis* 10) *minūtus, a, um* winzig   11) *nārēs, -ium* Nase(nlöcher)   12) *convallis, -is* Talkessel 13) *bēstiola, -ae* Dem. von *bēstia, -ae*   14) *āritūdō, -inis* Trockenheit

Rekonstruktion eines römischen Gutshofes

Diorama im ‚Römerkeller' Oberriexingen/Baden-Württemberg. Das Modell zeigt das Einbringen der Weinernte, das Keltern der Trauben und das rege Leben in einer *villa rūstica.*

Zahlreiche römische Gutshöfe sind vor allem in den letzten Jahrzehnten ausgegraben worden. Sie legen ein beredtes Zeugnis von der Kultur und dem hohen Lebensstandard der Römer in Germanien ab.

Was bedeuten die folgenden Substantive:
puerulus, servulus, hortulus, adulescentulus, regulus; homunculus (homo) – aedicula, muliercula, navicula, narratiuncula (narratio) – corpusculum, osculum, opusculum; libellus (liber), ocellus (oculus) – puella; filiolus – filiola, bestiola.

d) Welche deutschen Fremdwörter sind aus den folgenden lateinischen Wörtern entstanden: capitulum, particula, auricula, tabella (tabula), castellum (castra), gladiolus.

e) Suche aus E und L alle nd-Formen und erläutere ihre Verwendung (wiederhole dazu G 106).

f) Bilde ein lateinisches Wortfeld (Substantive und Verben) zu ‚Haus/wohnen'.

g) Stelle die einzelnen Anweisungen Varros für den Bau einer *villa rūstica* lateinisch zusammen.
Weshalb sollen beim Bau einer *villa rūstica* sumpfige Gegenden gemieden werden?
Was versteht Varro unter *animālia minūta* (L 9) und *bēstiolae* (L 14)?
Welche der Anweisungen Varros sind auch heute noch sinnvoll?
Wovon hängt heute die Verwirklichung solcher Anweisungen ab?

h) Lies den Abschnitt ‚Analysieren' S. 122 f. und wende diesen Weg auf L 1–3 und L 8–11 an.

E   Dīviciācus Haeduus ad Caesarem dīxit:

1. „Ariovistus Rhēnum trāns-gres-sus est.	Ariovistum Rhēnum trāns-gres-sum esse.
2. Germānī, quī eum secūtī sunt, in Galliā cōnsēdērunt et nōs sēdibus pellunt.	Germānōs, quī eum secūtī es-sent, in Galliā cōnsēdisse et sē sēdibus pellere.
3. (Nōs) aliās sēdēs quaerere cōgi-mur (coāctī sumus).	Sē aliās sēdēs quaerere cōgī (coāctōs esse).
4. Tū nōbīs auxilium ferre dēbēs."	Illum sibi auxilium ferre dēbēre.

L Ein Gallierfürst schildert seine verzweifelte Lage·

Nachdem der Häduerfürst Diviciacus in einem Gespräch mit Cäsar die ausweglose Situation seines Volkes geschildert hat (siehe L 93), stellt er Charakter und Verhalten des Germanenfürsten Ariovist, der in Gallien eingedrungen ist, ausführlich dar.

Ariovistum, ut semel[1] Gallorum copias proelio vicerit, superbe et crudeliter imperare, liberos nobilissimi cuiusque obsides poscere et[2] in eos omnia exempla cruciatusque edere[3], si qua res non ad nutum aut ad voluntatem eius facta sit.

Hominem esse barbarum, iracundum[4], temerarium[5]; non posse eius imperia
5 diutius sustineri.

Nisi quid in Caesare populoque Romano sit auxilii, omnibus Gallis idem esse faciendum, quod Helvetii fecerint, ut[6] domo e-migrent, aliud domicilium, alias sedes, remotas a Germanis, petant fortunamque, quaecumque accidat, experian-tur.

10 Haec si e-nuntiata Ariovisto sint, se non dubitare, quin de omnibus obsidibus, qui apud eum sint, gravissimum supplicium sumat[7]. Caesarem vel auctoritate sua atque exercitus recenti victoria[8] vel nomine populi Romani impedire posse, ne maior multitudo Germanorum Rhenum traducatur, Galliamque omnem ab Ariovisti iniuria posse defendere[9].

(nach Cäsar)

Ü a) Forme in den Sätzen 1 bis 4 die direkte Rede in die indirekte Rede um. Übersetze die umgeformten Sätze ins Deutsche (nach Cäsar, De bello Gallico II 4):

Cäsar befürchtet einen Aufstand der Belger. Ehe er Gegenmaßnahmen ergreift, sucht er bei den Remern, dem Nachbarvolk der Belger, Informationen über sie zu erhalten.

Legati Remorum responderunt: 1. „Plerique Belgae sunt orti a Germanis. 2. Rhenum antiquitus *(in alter Zeit)* traducti propter loci fertilitatem (fertilitās, -ātis *Fruchtbarkeit*) ibi consederunt Gallosque expulerunt. 3. Soli Teutonos Cimbrosque intra fines suos ingredi prohibuerunt. 4. Plurimum inter eos Bellovaci et virtute et auctoritate et homi-num numero valent."

---

1) *ut semel* sobald einmal   2) *et* verbindet *poscere* und *ēdere* enger, da beide Verben auf *obsidēs* zielen   3) *omnia exempla cruciātūsque ēdere* alle Arten von Grausamkeiten verüben   4) *īrācun-dus, a, um* jähzornig   5) *temerārius, a, um* verwegen   6) *ut domō ē-migrent* usw. erklärt das vor-ausgehende *idem*; übersetze: nämlich daß ...   7) *supplicium gravissimum sūmere dē aliquō* einen hinrichten lassen   8) Cäsars Sieg über die Helvetier 58 v. Chr.   9) *dēfendere ab aliquā rē* schützen vor etwas

b) Die Substantive der u-Deklination auf **-tus** bzw. **-sus** bezeichnen meist eine *Tätigkeit* oder ihr *Ergebnis*: *cruciatus, -us* Marter, Qual (zu *cruciare/crux* quälen/Kreuz). Erschließe die Bedeutung der folgenden Substantive aus den ihnen zugrundeliegenden Verbalstämmen: ornatus, status, conatus; fletus, habitus, motus, risus; haustus, consensus, adventus; casus, cantus, fluctus, quaestus, aspectus, sumptus, fructus, questus, usus.

c) Suche zu den folgenden in L vorkommenden Substantiven ein stammverwandtes Verb, zu den Verben ein Substantiv, und erläutere bei den Paaren Wortbildung und Wortbedeutung: voluntas, sedes, obses, fortuna, exercitus, auctoritas, nomen; vincere, imperare, facere, posse, e-nuntiare, sumere.

d) Bilde ein lateinisches Wortfeld (Substantive, Verben, Adjektive) zu ‚Krieg/Kampf'.

e) Stelle lateinisch die Charaktereigenschaften des Germanenführers Ariovist zusammen.
Welche Möglichkeit bleibt den Häduern, wenn ihnen die Römer die erbetene Hilfe versagen?
Worauf weist Diviciacus besonders hin, um Cäsar zur Hilfeleistung zu bewegen?

Der Anfang von Cäsars ‚De bello Gallico' in einer Pergamenthandschrift des 9. oder 10. Jh.s n. Chr.

Gallia est omnis divisa in partes tres, quarum unam incolunt Belgae, aliam Aquitani, tertiam, qui ipsorum lingua Celtae, nostra Galli appellantur. Hi omnes lingua, institutis, legibus inter se different. Gallos ab Aquitanis Garunna flumen, a Belgis ...

Vergleiche diesen Text mit dem der Handschrift.

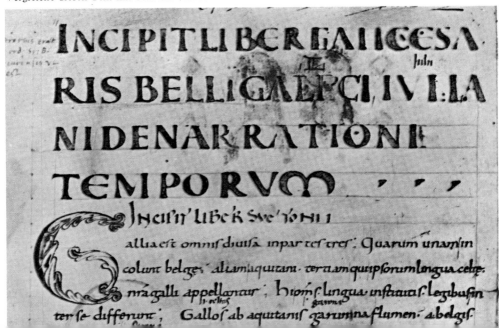

E

Caesar ad Ariovistum dīxit:

1. „Nē oblītus sīs beneficia nostra!   Nē oblīvīscerētur beneficia sua!
2. Nē bellum intuleris sociīs populī   Nē bellum inferret sociīs populī
   Rōmānī!   Rōmānī!
3. Obsidēs redde!"   Obsidēs redderet!

Ariovistus Caesarī respondit:

4. „Cūr in meās possessiōnēs   Cūr in suās possessiōnēs (ille)
   venīs?   venīret?
5. Dēcēde dē Galliā, nē tē prō hoste   Dēcēderet dē Galliā, nē illum
   habeam!"   prō hoste habēret!

L   **Begegnung zweier Heerführer**

Um den Häduern, den Bundesgenossen des römischen Volkes, in ihrer bedrängten Lage zu helfen, bemüht sich Cäsar, eine Entscheidung mit den Germanen zunächst auf dem Verhandlungswege herbeizuführen. Er ist zu einem Treffen mit Ariovist bereit.
Die folgenden Textpartien zeigen sowohl Cäsars Verhandlungswillen wie auch das hochfahrende Benehmen Ariovists.

ARIOVISTUS: Quod antea ille de colloquio postulasset, id per se fieri licere. Sed ne quem peditem ad colloquium adduceret! Vereri se, ne per insidias ab eo circumveniretur. Uterque cum equitatu veniret! Alia ratione sese[1] non esse venturum.

Verabredungsgemäß treffen beide Heerführer zusammen.

CAESAR: Ne ille oblivisceretur sua senatusque in se beneficia, quod rex appellatus
5   esset a senatu, quod amicus, quod munera amplissime missa. Illum beneficio ac liberalitate sua ac senatus ea praemia consecutum (esse).
Postulare se eadem, quae legatis in mandatis dedisset[2]: Ne aut Haeduis aut eorum sociis bellum inferret! Obsides redderet! Si nullam partem Germanorum domum remittere posset, ne quos amplius Rhenum transire pateretur!
10   ARIOVISTUS: Se prius in Galliam venisse quam populum Romanum. Quid sibi vellet[3]? Cur in suas possessiones veniret? Num quem dubitare, quin provincia sua haec esset Gallia? Nonne debere se suspicari simulata amicitia[4] Caesarem exercitum, quem in Gallia haberet, sui opprimendi causa habere? Qui[5] nisi decederet atque exercitum deduceret ex his regionibus, sese[1] illum non pro amico, sed pro
15   hoste habiturum (esse).   (nach Cäsar)

Ü   a) Übersetze in den Abschnitten A und B die indirekte bzw. die direkte Rede. Forme diese danach lateinisch in eine direkte bzw. eine indirekte Rede um (nach Cäsar, De bello Gallico V 41):

Die Nervier, ein gallischer Stamm, haben sich gegen die Römer empört und einen Legaten Cäsars, Q. Tullius Cicero, in seinem Winterlager eingeschlossen. Ihre Anführer erhalten die Möglichkeit zu einer Unterredung und führen dabei aus:

---

1) *sēsē = sē*   2) *in mandātīs dare = mandāre*   3) *Quid tibi vīs?* Was willst du eigentlich? Was fällt dir ein?   4) *simulātā amīcitiā* unter dem Vorwand der Freundschaft   5) *quī* relativer Satzanschluß; hier: *ille*

Sterbender Gallier. Römische Marmorkopie eines Werkes des Epigonos von Pergamon (ca. 220 v. Chr.). Das Bronzeoriginal gehörte zu einem großen Weihgeschenk, das König Attalos I. nach seinem Sieg über die Gallier in Pergamon errichtet hatte.

A 1. Omnem esse in armis Galliam; Germanos Rhenum transisse; Caesaris reliquorumque hiberna oppugnari. 2. Sese (= se) tamen hoc esse in Ciceronem populumque Romanum animo, ut nihil nisi hiberna recusent. 3. Licere illis incolumibus per se ex hibernis discedere et quascumque in partes velint sine metu proficisci.

B Cicero respondet: 4. „Desinite talia poscere! 5. Ne speraveritis me ullam accepturum esse ab hoste armato condicionem! 6. Si ab armis discedere vultis, me adiutore (*zu* adiuvare) utimini! 7. Mittite legatos ad Caesarem! 8. (Ego) spero vos impetraturos esse, quae petiveritis.“

b) Suche in L alle Stellen, in denen die Pronomina *ille, suus, is, sui/sibi/se* vorkommen und gib an, wer jeweils gemeint ist.

c) Nenne in L alle Hauptsätze, die eine Aussage enthalten. In welcher Form erscheinen sie in der indirekten Rede?

d) Nenne in L alle Hauptsätze, die ein Begehren (Befehl, Aufforderung, Wunsch) enthalten. Wie werden diese in der indirekten Rede ausgedrückt?

e) Warum erscheinen von den vier Fragesätzen der indirekten Rede L 10–13 zwei im Konjunktiv und zwei im Aci? Verwandle sie in Fragesätze der direkten Rede. Um welche Arten von Fragen handelt es sich jeweils?

f) Das Substantiv *liberalitas* (L 6) ist von dem Adjektiv *liberalis* abzuleiten, *liberalis* seinerseits ist aus dem Adjektiv *liber* und dem Suffix -ālis gebildet.
Die Suffixe **-ālis** (nach *l* geändert zu **-āris**) und **-ilis**, die an den Wortstock angehängt werden, bezeichnen zumeist eine *Bezogenheit* oder eine *Eigenschaft*. Erschließe unter Angabe der jeweiligen Substantive die Bedeutung der folgenden Adjektive: naturalis, annalis, fatalis, capitalis, mortalis, familiaris, popularis, salutaris, consularis, militaris, singularis; puerilis, iuvenilis, virilis, senilis, civilis, hostilis, servilis.

g) Worauf gründet Ariovist seinen Anspruch, in Gallien bleiben zu können? Womit vergleicht er den von ihm besetzten Teil Galliens?

E 1. (Proptereā, eō), quod nōs dēseruistis, trīstēs sumus.
2. Dīvitiae parvī aestimandae sunt, quippe cum (praesertim cum) hominēs fēlīcēs reddere nōn possint.
3. Quod fēcistī, reprehendō, eō magis, quod in cōnspectū meō fēcistī.

L **Die menschlichen Sinne und ihre Zweckmäßigkeit**

In Ciceros Schrift ,De natura deorum' versucht ein Gesprächspartner, der die Lehre der Stoiker vertritt, das Walten einer göttlichen Vorsehung in der Welt nachzuweisen. Um seine These zu stützen,
zeigt er unter anderem, wie zweckmäßig die menschlichen Sinnesorgane eingerichtet sind.

Cum naturae providentia[1] homines celsi et erecti constituti sint, deorum cognitionem caelum intuentes capere possunt.
S e n s u s autem interpretes et nuntii rerum in capite tamquam in arce mire ad
usus necessarios et facti et collocati sunt.

5 Nam o c u l i, quoniam tamquam speculatores[2] altissimum locum obtinent,
plurima conspicientes funguntur suo munere.
Et a u r e s, cum sonum percipere debeant, qui natura in sublime fertur, recte
in altis corporum partibus collocatae sunt.
Itemque n a r e s[3], quod omnis odor ad supera[4] fertur, recte sursum[5] sunt, et,

10 quod cibi et potionis[6] iudicium earum est, non sine causa ori vicinae sunt.
Iam g u s t a t u s[7], quia sentire ciborum genera debet, habitat in ea parte oris,
qua cibis et potionibus[6] iter natura patefecit.
T a c t u[8] autem, quippe cum toto corpore aequabiliter fusus sit[9], omnes ictus
omnesque minimos et frigoris et caloris appulsus[10] sentire possumus.

(nach Cicero)

Ü a) Übersetze die folgenden Sätze. Gib die verschiedenen lateinischen Konjunktionen
auch im Deutschen unterschiedlich wieder: 1. Quoniam vita ipsa brevis est, memoriam
nostri quam maxime diuturnam facere rectum est. 2. Numquam opes magni duxi,
quippe cum viderem homines his rebus abundantes in-felices esse. 3. Cum Germani
paulatim consuescerent Rhenum transire, Caesar populum Romanum id non iam pati
posse putabat, praesertim cum Germanorum gens fortissima esset. 4. Sperne voluptatem, quia mox post gaudia flebis.

b) 1. Der Sprecher des Textes von L reiht seine Aussagen über die menschlichen Sinne
aneinander. Zeige auf, welche Konjunktionen er verwendet, d. h. nenne die Wörter,
durch die die einzelnen Hauptsatzinformationen verbunden werden. In welcher
logischen Beziehung stehen die einzelnen Aussagen zueinander?

2. Ab L 5 sind die Hauptsätze mit Gliedsätzen verbunden. Nenne auch hier die
Konjunktionen und zeige die logischen Beziehungen auf.

---

1) *prōvidentia, -ae* Vorsicht, Fürsorge 2) *speculātor, -ōris* Späher, Kundschafter 3) *nārēs, -ium*
Nase(nlöcher) 4) *superus, a, um* oben befindlich, der obere 5) *sūrsum* oben, in der Höhe
6) *pōtiō, -ōnis* Trank 7) *gustātus, -ūs* Geschmack, Geschmackssinn 8) *tāctus, -ūs* Berührung,
Tastsinn, Gefühl 9) *aequābiliter fundere* gleichmäßig verteilen 10) *appulsus, -ūs* Einwirkung

Die Schule von Athen. Vatikanische Museen, Rom. Das Gemälde von Raffael (1509) ist eine Ver-
herrlichung der Philosophie. In der Mitte stehen Platon und Aristoteles, umgeben von berühmten
Gelehrten des Altertums und der Zeit Raffaels.

c) Das Verbum *capere* darf in dem Ausdruck *deorum cognitionem capere* (L 1 f.) nicht mit
der gelernten Bedeutung *fassen, nehmen* wiedergegeben werden. Es muß treffend
‚Kenntnis von den Göttern erwerben/gewinnen' heißen.
Übersetze *capere* auch in den folgenden Ausdrücken mit der jeweils treffendsten
Bedeutung (fassen, ergreifen, kapern, erobern, gefangennehmen, zu etwas greifen,
begreifen, erreichen, finden, gewinnen, ziehen, empfinden, erleiden, befallen, an-
treten): fugam capere, castra hostium capere, arma capere, naves portum ceperunt,
benevolentiam capere, voluptatem capere, detrimentum capere, magistratum capere,
consilium capere, naves capere, ducem hostium capere, mens mea haec non capit,
somnum capere, utilitatem capere, metus me capit.

d) Trenne die folgenden Verben in zwei Wortfelder und benenne diese: tenere, memoria
tenere, meminisse, prehendere, capere, novisse, rapere, complecti, scire, adimere,
tangere, comperire, urgere, non ignorare.

e) Hältst du die in L gegebenen Bedingungen für die Zweckmäßigkeit der einzelnen
Sinne für stichhaltig?
Kennst du Lebewesen, die mit ihren Sinnesorganen die entsprechenden Fähigkeiten
des Menschen übertreffen?

f) Lies den Abschnitt ‚Übersetzen Wort für Wort' S. 118 f. und wende diesen Weg auf
L 5–10 an.

99

E 1. Edimus, ut vīvāmus, nōn vīvimus, ut edāmus.
2. Aliōs nē reprehenderis, nē reprehendāris ipse!
3. Lēgem brevem esse oportet, quō (= ut eō) facilius ab omnibus capiātur.
4. Nēmō tam stultus est, ut nōn (= quī nōn, quīn) deōs esse cognōscat.

L **Auch das Auge ist zweckmäßig eingerichtet**

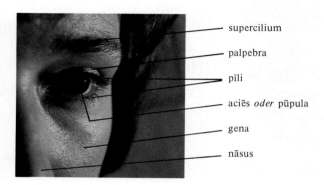

— supercilium
— palpebra
— pīli
— aciēs *oder* pūpula
— gena
— nāsus

Quis artifex[1] tam sollers[2] est, ut naturae sollertiam[2] persequi possit in sensibus? Natura o c u l o s membranis[3] tenuissimis vestivit et saepsit; quas perlucidas[4] fecit, ut per eas cerni posset, firmas autem, ut continerentur[5]. Sed lubricos oculos fecit et mobiles, ut et declinarent[6], si quid noceret, et aspectum[7] facile converterent,
5 quo vellent.
A c i e s que ipsa, qua cernimus quaeque p u p u l a vocatur, ita parva est, ut ea, quae nocere possint, facile vitet.
P a l p e b r a e que, quae sunt tegmenta[8] oculorum, mollissimae sunt, ne tactu[9] laedant aciem; aptissimae factae sunt et ad claudendas pupulas, ne quid incideret,
10 et ad aperiendas; idque providit natura, ut identidem[10] fieri posset cum maxima celeritate.
Munitaeque sunt palpebrae tamquam vallo p i l o r u m, quo facilius, si quid incideret apertis oculis, re-pelleretur.
Latent praeterea oculi utiliter et excelsis undique partibus saepiuntur, ne ulla re
15 laedantur. S u p e r c i l i a enim sudorem a capite et fronte de-fluentem re-pellunt; g e n a e deinde ab inferiore parte tutantur leviter eminentes; n a s u s que ita locatus est, ut quasi murus oculis inter-iectus esse videatur.

(nach Cicero)

---

1) *artifex, -icis* Künstler 2) *sollers, -ertis/sollertia, -ae* geschickt/Geschicklichkeit 3) *membrāna, -ae* zarte Haut, Hornhaut 4) *perlūcidus, a, um* durchsichtig 5) *continērī* zusammenhalten (intrans.); hier: sich nicht verschieben 6) *dēclīnāre* sich abwenden 7) *aspectus, -ūs* Blick 8) *tegmentum, -ī* zu *tegere* 9) *tāctus, -ūs* zu *tangere* 10) *identidem* wiederholt, immer wieder

Ü a) Übersetze und gib an, ob ein Finalsatz oder ein Konsekutivsatz vorliegt: 1. Venio ad te, ne te moneam, sed ut ipse a te monear. 2. Atticus ita Graece loquebatur, ut Athenis natus videretur. 3. Ariovistus tantam sibi arrogantiam sumpserat, ut non ferendus videretur. 4. Sulla malo cuidam poetae praemium tribui iussit, idque ea condicione, ne quid scriberet postea. 5. Leges breves sint, quo facilius ab im-peritis teneantur. 6. Nihil tam arduum est, quin homines temptent. 7. Non tam fuit hominum generi infesta atque inimica natura, ut corporibus tot remedia salutaria, animis nullum invenerit.

b) Übersetze die folgenden Sätze. Welche der in ihnen vorkommenden Gliedsätze haben die Funktion eines Adverbiales, welche die eines Objekts:

1. Helvetii cum e-migrare vellent, domos et frumentum combusserunt (comb-ūrere *verbrennen, vernichten*), ut paratiores pericula subirent. 2. Caesar non putabat eis concedendum esse, ut iter per provinciam Romanam facerent. 3. Ut interea copiae contrahi possent, legatis Helvetiorum respondit se diem ad deliberandum sumpturum. 4. In flumine Rhodano praesidia disposuit, quo facilius prohibere posset, ne transirent. 5. Helvetii impetrant, ut per Sequanorum fines ire sibi liceat. 6. Obsides inter se dant: Sequani, ne itinere Helvetios prohibeant, Helvetii, ut sine iniuria transeant.

c) Augenlider und Wimpern sollen verhindern, daß etwas hineinfällt (L 9: ‚ne quid incideret‘; L 12 f.; ‚si quid incideret‘).

1. Welches Verbum simplex ist in *incideret* enthalten?

2. Suche das jeweilige Verbum simplex zu: accidisse, accedenti, occisus, discesserunt.

3. Untersuche den Merkvers und bestimme die Verben: Cẹdo facịt cessị, cecidị cado, cạedo cecidi.

4. Bilde Wortfamilien zu den im Merkvers genannten drei Verben, indem du jedem die verwandten Wörter aus folgender Reihe zuweist: cessare, successor, occasio, secessio, caedes, casus, occidere, concedere, necessarius, occīdere, occasus.

d) Welche Stilfiguren liegen in den Wendungen *tamquam vallo pilorum* (L 12) und *nasus quasi murus* (L 16 f.) vor, welche Ausdrucksweise in der Formulierung *natura oculos membranis vestivit et saepsit* (L 2)?

e) Lies den Abschnitt ‚Konstruieren‘ S. 121 f. und wende diesen Weg auf L 8–11 an.

I Daß die Welt zweckmäßig eingerichtet sei, ist ein Grundgedanke antiker Weltanschauung und Philosophie.
Die Beobachtung der Planetenbahnen und Sternbilder sollte die sinnvolle Ordnung im astronomischen Bereich zeigen. Die Entwicklung der einzelnen Pflanzen und Tiere ließ eine zielgerichtete Entfaltung des individuellen Lebens erkennen. Die verschiedenen Organe und Fähigkeiten des Menschen und ihre sinnvollen Funktionen konnten die Vorstellung von der zweckmäßigen Einrichtung der Welt bestätigen.
Die Stoiker – die Philosophenschule wurde um 300 v. Chr. von Zenon in Athen begründet – zogen aus solchen Beobachtungen den Schluß, die Welt sei vom Prinzip göttlicher Vorsehung durchwaltet. Durch die Vorsehung ist die Welt im ganzen (Kosmos bzw. Makrokosmos) wie auch der einzelne Mensch (als Mikrokosmos) zweckmäßig eingerichtet.
Viele Römer und auch Cicero standen der stoischen Lehre nahe, da sie in vielem der Praxis römischen Lebens und der Auffassung römischer Religion entsprach.

E
1. Dum vītant stultī vitia, in contrāria currunt.
2. Ubī coepit pauper dīvitem imitārī, perit.
3. Simulatque nātum animal est, appetit voluptātem, aspernātur dolō-
   rem.
4. Membrīs ūtimur, priusquam didicimus, cuius ūtilitātis causā ea
   habeāmus.
5. Nōndum in Italiam pervēneram, cum per nūntium re-vocātus sum.

L **Die römische Religion wurzelt tief in der Vergangenheit**

Typisch für römisches Denken ist die Rückführung vorhandener religiöser Bräuche und Einrichtungen (Altäre, Tempel) auf Gestalten aus Sage und Mythos. So kann auch ein griechischer Mythos
zur Erklärung der Entstehungsgeschichte eines in historischer Zeit in Rom vorhandenen Altars
dienen.

Hercules Geryone interfecto, cum boves eius mira specie in Palatium abigeret[1],
prope Tiberim procubuisse[2] dicitur, ut quiete et pabulo boves reficeret, priusquam
pergeret iter.
Ibi dum cibo vinoque gravatus[3] somno se dat, pastor nomine Cacus, ferox viribus,
5 captus pulchritudine boum, cum avertere eam praedam vellet, boves, quas posset,
caudis[4] in speluncam traxit.
Hercules somno excitatus cum partem gregis abesse sensisset, pergit ad proxi-
mam speluncam, simulatque vestigia cognovit ante speluncam.
Quae ubi omnia foras[5] versa vidit nec in partem aliam ferre[6], confusus[7] agere
10 porro reliquas boves coepit, sed reddita inclusarum ex spelunca boum vox[8] Her-
culem convertit. Quem cum vadentem ad speluncam Cacus vi prohibere conatus
esset, ictus clava[9] Herculis morte occubuit[10].
Euander rex, qui ea loca regebat, postquam facinus audivit, habitum formamque
Herculis intuens rogat, qui vir esset. Ubi nomen patremque ac patriam accepit,
15 „Iove nate, Hercules, salve“, inquit, „mater mihi cecinit[11] te aucturum esse caelestium numerum, tibique aram hic dedicatum iri. Eam opulentissima olim in
terris gens ,maximam' vocabit tuoque ritu[12] colet.“
Dextra data Hercules accipere se omen impleturumque esse fata ara condita ait.
Ibi tum primum sacrum Herculi factum est.

(nach Livius)

Ü a) Setze in den folgenden Sätzen *priusquam, dum* (während) oder *postquam* so ein, daß
   sich eine sinnvolle Aussage ergibt, und übersetze: 1. Caesar ad castra Germanorum
   pervenit, ... illi sentire possent, quid ageretur. 2. ... Hercules dormit, pastor nomine
   Cacus aliquot boves rapuit. 3. Hercules ... multos labores subiit, in Italiam venit.
   4. Abii, ... amicus venit.

---

1) *abigere* wegtreiben   2) *prōcumbere, -cumbō, -cubuī, -cubitum* sich lagern, rasten   3) *gravāre*
beschweren   4) *cauda, -ae* Schwanz   5) *forās* nach außen   6) *vestigium fert* die Spur führt
7) *cōnfūsus, a, um* verwirrt   8) *vōcem reddere* einen Laut von sich geben, brüllen; *vōx redditur*
ein Brüllen ertönt   9) *clāva, ae* Keule   10) *occumbere, -cumbō, -cubuī, -cubitum* niedersinken
11) *canere* hier: weissagen   12) *rītus tuus = rītus ā tē cōnstitūtus*

b) Übersetze die folgenden Sätze und achte dabei auf Modus und Tempus der Gliedsätze:
1. Ut semel e̦-missu̦m est, volat i̦rrevoca̦bile ve̦rbum. 2. Non ignoscam tibi, priusquam veniam a me petiveris. 3. Delibera hoc, dum ego redeo. 4. Ubi primum socordiae te atque ignaviae (*zu* īgnāvus, a, um) tradideris, nequiquam deos implores. 5. Vix incolae subito terrae motu territi domos reliquerant, cum terra iterum mota est.

c) Erkläre die Bedeutung der folgenden in 114 vorkommenden Wörter aufgrund ihrer Wortbildung: contrarius (E 1), utilitas (E 4), revocare (E 5), pulchritudo (L 5), includere (L 10), prohibere (L 11), irrevocabilis (Ü b 1).

d) Livius verwendet, um das Brüllen der in der Höhle eingeschlossenen Rinder hervorzuheben, eine kunstvoll geschlossene Wortstellung, die sich graphisch so darstellen läßt:

‚das Brüllen der in der Höhle eingeschlossenen Rinder, das aus der Höhle heraus ertönt‘ (L 10).

Ein ähnliches Bestreben des Autors wird an einem weiteren Beispiel des Textes ersichtlich (L 16 f.). Versuche auch hier eine graphische Darstellung:

opulentissima olim in terris gens   ‚das dereinst mächtigste Volk auf Erden‘.

e) In L kommen drei Personen vor. Welche von ihnen ist die Hauptfigur der Erzählung? Begründe deine Entscheidung.
Wodurch unterscheidet sich der Abschnitt, in dem König Euander auftritt, vom vorangehenden Teil des Textes?

f) Kennst du andere aitiologische Sagen des Altertums (vgl. I)?
Kennst du solche Sagen auch aus deiner Heimat?

I Bei vielen Völkern findet sich die Sitte, vorhandene Bräuche und religiöse Rituale, aber auch bedeutende Stätten und Bauwerke durch Geschichten und Sagen zu erklären. Solche Erklärungen heißen aitiologische Sagen (von griech. *aitía* Ursache).
Der heute noch vorhandene Lapis Niger auf dem Forum Romanum bezeichnet einen Kultplatz, den man für das Grab des Romulus, des mythischen Gründers der Stadt Rom, hielt. Durch archäologische Grabungen ist die Existenz dieses sagenhaften Grabes heute gesichert. Da die Überreste aus dem 6. Jh. v. Chr. stammen, dürfte es klar sein, daß die Sage von dem Stadtgründer schon zu dieser Zeit, also während der Herrschaft der etruskischen Tarquinier (vgl. L 82), bestanden hat. Wir müssen freilich annehmen, daß die Gestalt des Romulus nur eine Erfindung ist, denn Romulus ist von Rom abgeleitet und nicht umgekehrt.
An der Ara Maxima in Rom wurde alljährlich ein Stieropfer zu Ehren des Herkules dargebracht. Dieser Opferbrauch soll durch die Geschichte von Herkules, Cacus und Euander (von griech. *kakós* schlecht, böse und *eú-andros* guter Mann) erklärt werden.
Auch im christlichen Kulturbereich werden Ursprungssagen erzählt; so führen Wallfahrtsorte ihre Entstehung oft auf Erscheinungen der Muttergottes oder von Heiligen zurück. Stets sind – so lehrt uns die Religionswissenschaft – heilige Orte und Einrichtungen, um deren Entstehung sich aitiologische Sagen gebildet haben, Stätten religiöser Weihe, an denen die Menschen in eine besonders nahe Beziehung zur göttlichen Welt treten können.

E
1. Fuit tempus, cum hominēs in agrīs bēstiārum modō vagābantur.
2. Cụm moritụr dīvẹs, con-cụrrunt ụndique cịvēs.
3. Dụm vīrẹ̄s annịque sinụnt, tolerạ̄te labọ̄rēs.
4. Līberī, cum lūdunt, discunt.

L

Kann man lernen, auf Reichtum zu verzichten?

Der stoische Philosoph Seneca schrieb an einen Freund namens Lucilius über verschiedene Themen der Philosophie Briefe, die auch zur Veröffentlichung bestimmt waren. Im folgenden Brief befaßt er sich mit dem Problem des Reichtums und der Besitzlosigkeit:

SENECA LUCILIO SUO SALUTEM.

Ad bonam mentem magno cursu ac totis viribus contende; cum quid[1] est, quo teneris, aut expedi[2] aut occide[3].

„Moratur", inquis, „me res familiaris: sic illam disponere volo, ut sufficere[4], cum
5 nihil ago, possit, ne aut paupertas mihi oneri sit aut ego alicui."

Cum hoc dicis, non videris vim ac potentiam eius boni, de quo cogitas, nosse[5]. Mihi crede, advoca philosophiam in consilium[6]: suadebit tibi, ne ad calculos sedeas[7]. Certe vis consequi, ne tibi paupertas timenda sit. Quid, si appetenda est? Multis ad philosophandum obstiterunt divitiae; cum pauper es, expeditus es,
10 securus es.

Cum tuba cecinit[8], pauper scit non se peti; cum incendium ortum est, quaerit pauper, quomodo domo exeat, non quid efferat. Quotiens vis vacare animo[9], aut pauper sis oportet aut pauperi similis. Non potest studium salutare fieri sine frugalitatis[10] cura: frugalitas autem paupertas voluntaria[11] est.
15 Tolle itaque istas excusationes[12]: „Nondum habeo, quantum sat[13] est; cum ad illam summam pervenero, tum me totum philosophiae dabo." Atqui nihil prius quam hoc parandum est, quod tu differs et post cetera ponis; ab hoc incipiendum est. Philosophandum est, dum vivimus. Vale.

(nach Seneca)

Ü
a) Übersetze und achte dabei auf Modus und Tempus der jeweiligen Gliedsätze: 1. Multi anni sunt, cum te familiariter utor. 2. Veniet tempus, cum ista, quae nunc latent, in lucem dies ex-trahet. 3. Tunc (= tum) erimus beati, cum cupiditatum erimus expertes. 4. Sị, quotiẹns peccạnt homiṇes, sua fụlmina mịttat Iụppiter, ẹxiguọ tẹmpore inẹrmis *(wehrlos)* erịt. 5. Quamdiu Hannibal in Italia fuit, nemo ei in acie restitit.

b) Welche Bedeutung hat die Konjunktion *cum* im folgenden Text: Epicurus cum providentiam *(Vorsehung)* sustulit, etiam deum negavit esse; cum autem deum esse professus est, et providentiam simul esse concessit; alterum enim sine altero esse non potest.

---

1) *quid = aliquid* 2) *expedīre* hier: (sich) freimachen 3) *occīdere* hier: von sich stoßen 4) *sufficere* genügen 5) *nōsse* vgl. Ü 76c 6) *in cōnsilium* übersetze: als Ratgeber 7) *ad calculōs sedēre* vor dem Rechenbrett sitzen 8) *tuba canit* die Trompete erschallt (als Zeichen zum Krieg) 9) *vacāre animō* (Abl.; vgl. G 101a) innerlich frei sein 10) *frūgālitās, -ātis* Sparsamkeit, Mäßigung, Anspruchslosigkeit 11) *voluntārius, a, um* freiwillig 12) *excūsātiō, -ōnis* zu *excūsāre* 13) *sat = satis*

c) Welche der folgenden stilistischen Erscheinungen findest du in den Sätzen 1 bis 8: Chiasmus, Asyndeton, Hyperbaton, Ellipse, Alliteration, Trikolon, Parallelismus? 1. Vincere est honestum, opprimere acerbum, pulchrum ignoscere. 2. Vincere scis, Hannibal, victoria uti nescis. 3. Iucundi acti labores. 4. Brevis a natura nobis vita data est. 5. Dies diem docet. 6. De mortuis nil nisi bene! 7. Patent portae: proficiscere (Cicero zu Catilina)! 8. CONCORDIA DOMI FORIS PAX (forīs *draußen*; Inschrift am Holstentor in Lübeck).

d) Gib in knappen Sätzen den Inhalt des Seneca-Briefes an.

Lassen sich auch Argumente gegen Senecas Behauptung finden?

Besteht nicht zwischen dem Anliegen des Briefes und Senecas eigener Lebensführung ein Widerspruch? Lies dazu I.

I L. Annaeus Seneca (geb. 4 n. Chr.) kam mit seinem Vater, einem römischen Ritter, kurz nach seiner Geburt aus Córduba (Spanien) nach Rom. Er wurde Quästor und Mitglied des Senats. Unter Kaiser Claudius wurde er nach Korsika verbannt, von Agrippina aber wieder zurückgerufen und zum Erzieher ihres Sohnes Nero bestellt. Als Nero Kaiser geworden war, hatte Seneca als Ratgeber großen Einfluß auf die Leitung des Imperiums und gewann durch die Gunst Neros ein gewaltiges Vermögen. Doch als Neros Machtgier und geistige Entartung immer mehr zu Tage traten, zog sich Seneca vom kaiserlichen Hof zurück und widmete sich seinen schriftstellerischen Neigungen. Freilich waren Muße und philosophische Beschaulichkeit nur von kurzer Dauer: Nero warf seinem ehemaligen Lehrer Teilnahme an einer Verschwörung vor und zwang ihn zum Freitod. Seneca schied, wie der Historiker Tacitus berichtet, gefaßt und gelassen aus dem Leben.
Seneca hat ein reiches Werk hinterlassen: neben philosophischen Dialogen schrieb er über 100 umfangreiche Briefe philosophischen Inhalts (‚Epistulae morales ad Lucilium‘), aber er verfaßte auch Tragödien und ein größeres Werk über die Natur (‚Quaestiones naturales‘).
Als Philosoph folgt Seneca der Lehre der Stoiker: er lehnt Ehrgeiz und materielles Gewinnstreben ab und predigt Einfachheit, Bescheidenheit und ein Leben nach der Natur *(secundum nātūram vīvere)* als Weg zu Weisheit und Verinnerlichung. Seneca legt wenig Wert auf theoretische Erörterungen, vielmehr will er praktische Anleitungen geben, wie die Menschen ihr Schicksal meistern und glücklich werden können. Diese Lehren legt er in kurzen, eindringlichen Sätzen dar, er verwendet effektvolle Antithesen und geistreiche, schlagwortartige Formulierungen, ganz im Gegensatz zu den kunstvoll gegliederten Satzperioden Ciceros oder Quintilians.
Manche Gedanken Senecas (wie der Stoiker überhaupt) berühren sich mit christlichen Lehren.

Z Donec eris felix, multos numerabis amicos;
tempora si fuerint nubila, solus eris.   *nūbilus* umwölkt
FORTUNA VITREA EST: TUM, CUM SPLENDET,
    FRANGITUR.   *vitreus* gläsern, zerbrechlich (wie Glas)
HOMO EXTRA CORPUS EST SUUM,   *splendēre* glänzen
    CUM IRASCITUR.   *īrāscī* zürnen
NAM TUA RES AGITUR,
    PARIES CUM PROXIMUS ARDET.
GAUDEAMUS IGITUR, IUVENES DUM SUMUS.   Anfang eines Studentenliedes

116

E
1. Tū sī animō regeris, rēx es; sī corpore, servus.
2. Memoria minuitur, nisī eam exerceās.
3. Satis iam disputātum est dē hāc rē, nisī forte quid dēsīderātis (Cicero).
4. Dummodō sit dīves, barbarus ipse placet.
5. Moriendum est, sīve contemnimus mortem sīve metuimus.

L **Gott ist die Quelle des Friedens und der Gerechtigkeit**

Lactantius, ein um 300 n. Chr. lebender Schriftsteller, wurde nach seiner Taufe von Kaiser Konstantin als Prinzenerzieher nach Trier (Augusta Treverorum) berufen. Er verfaßte die erste Gesamtdarstellung des christlichen Glaubens (‚Divinae institutiones') in lateinischer Sprache. Wegen seines an Cicero geschulten Stils wurde er später der ‚Christliche Cicero' genannt. In einer noch heidnischen Umwelt unternimmt es Lactantius, seinen Glauben zu verteidigen.

Quodsi solus deus coleretur, non essent dissensiones et bella, cum scirent homines unius se dei filios esse; nullae fierent insidiae, non essent fraudes et rapinae, si deo praecipiente didicissent et suo et parvo esse contenti. Non essent haec omnia in terris mala, si ab universis fierent, quae unus noster populus[1]
5 operatur[2]. Quam beatus esset humanarum rerum status, si per totum orbem mansuetudo[3] et pietas et pax et innocentia[4] et aequitas et temperantia et fides moraretur! Denique ad regendos homines non opus esset tam multis et tam variis legibus, neque carceribus neque gladiis neque terrore poenarum, si praeceptorum caelestium salubritas[5] ad iustitiae opera homines erudiret!
10 Deus enim, qui homines et generat et inspirat[6], omnes aequos, id est pares esse voluit, eandem condicionem vivendi omnibus posuit, omnibus immortalitatem[7] spopondit, nemo a beneficiis eius caelestibus segregatur[8]. Nemo apud eum servus est, nemo dominus; si enim cunctis idem pater est, aequo iure omnes liberi sumus.
15 Nemo deo[9] pauper est, nisi qui iustitia indiget[10]; nemo dives, nisi qui virtutibus plenus est; nemo denique egregius erit, nisi qui bonus et innocens fuerit; nemo clarissimus, nisi qui opera misericordiae largiter[11] fecerit; nemo perfectissimus, nisi qui omnes gradus virtutis impleverit.

(nach Lactantius)

Ü a) Übersetze und achte dabei auf die Konjunktionen, die den Gliedsatz als einen Konditionalsatz erkennen lassen: 1. Si vis, potes. Si velis, possis. Si velles, posses. Si voluisses, potuisses. 2. Hectora quis nosset, felix si Troia fuisset. 3. Ferrum si exerceas, conteritur (= teritur), si non (si minus), tamen robigo (rōbīgō, -inis *Rost*) interficit. 4. Ius per se est expetendum et colendum; quodsi ius, etiam iustitia; sin ea, reliquae quoque virtutes per se colendae sunt. 5. Magno me metu liberabis, Catilina, modo inter me atque te murus intersit (Cicero). 6. Seu erravistis, seu mentiti estis, verum non dixistis. 7. Oderint, dum metuant (ein Lieblingswort des Kaisers Caligula).

---

1) *ūnus noster populus* d. h. die Christen 2) *operārī* verrichten, betreiben 3) *mānsuētūdō, -inis* Sanftmut, Milde 4) *innocentia, -ae* zu *innocēns, -entis* 5) *salūbritās, -ātis* zu *salūber, -bris, -bre* 6) *īnspīrāre* beseelen 7) *immortālitās, -ātis* zu *immortālis, -e* 8) *sēgregāre* trennen 9) *deō = apud deum* 10) *indigēre = egēre* 11) *lārgiter = lārgē*

b) Übersetze die folgenden Sätze mit Hilfe von ‚außer, nur': 1. Vera amicitia esse non potest nisi inter bonos. 2. Dicere bene nemo potest, nisi qui prudenter intellegit. 3. Multi homines nihil aliud faciunt, nisi dormiunt et edunt. 4. Imperator iuravit se nisi victorem in castra reversurum non esse. 5. Natura non vincitur nisi parendo.

c) Suche aus L 115 und L 116 alle nd-Formen und ordne sie nach ihrer Verwendung in die drei Gruppen: nd-Form ohne Beziehungsnomen / nd-Form mit esse / nd-Form mit Beziehungsnomen.

d) Die Vorsilben **dis-** und **sē-** drücken eine *Trennung* aus: dis-sensio (L 1) Meinungsverschiedenheit (zu *dis-sentire* ‚von der Meinung eines anderen abweichen'); *se-gregare* (L 12) trennen (eigtl. ‚von der Herde absondern'). Versuche ebenso zu erklären: discedere, disponere, disputare, disserere, distribuere, dimittere, diripere, dispergere; discordia, difficilis, diversus – secernere, separare, seditio (*zu* ire), securus.

e) Suche in L die Stilfiguren der Anapher, des Asyndetons und des Polysyndetons.

f) Lactantius sagt (L 10 ff.), daß Gott all en Menschen die Unsterblichkeit verheißen hat. Wodurch unterscheidet sich dieser christliche Glaube von den heidnischen Vorstellungen? Welche Auswirkungen hat nach Lactantius die gottgewollte Gleichheit (L 10 f.: ‚Deus omnes aequos, id est pares esse voluit, eandem condicionem vivendi omnibus posuit.') auf die Menschen? Vgl. dazu auch Z 117.

Szene vom Sarkophag der Adelphia in Syrakus (ca. 340 n. Chr.)
In der linken Hälfte ist die wunderbare Speisung der Zehntausend dargestellt, in der rechten Hälfte die Erweckung des Sohnes der Witwe.

E
1. Ut dēsint vīrēs, tamen est laudanda voluntās.
2. Licet multa didiceris, plūra tamen discenda sunt.
3. Quod turpe est, id, quamvīs occultētur, tamen honestum nūllō modō fierī potest.
4. Sōcratēs cum facile posset ēdūcī ē carcere, nōluit.

L **Alle Christen sind untereinander Brüder**

Lactantius hebt als wesentliches Merkmal des christlichen Glaubens hervor, daß alle Menschen trotz scheinbarer Unterschiede vor dem Angesicht Gottes gleich sind, da vor Gott andere Maßstäbe gelten als unter den Menschen. Er setzt sich dabei mit möglichen Einwänden von Nichtchristen auseinander:

Dicet aliquis: Nonne sunt apud vos alii pauperes, alii divites, alii servi, alii domini? Nonne aliquid inter singulos interest?
Nihil! Nec alia causa est, cur nobis invicem fratrum nomen impertiamus[1], nisi quia pares esse nos credimus. Nam cum omnia humana non corpore, sed spiritu[2]
5 metiamur, tametsi corporum sit diversa condicio, nobis tamen servi non sunt, sed eos et habemus et dicimus spiritu[2] fratres, religione con-servos.
Divitiae quoque non faciunt insignes, nisi quod possunt bonis operibus facere clariores. Divites sunt enim, non quia divitias habent, sed quia utuntur illis ad opera iustitiae; et quamvis pauperes sint, eo tamen divites sunt, quia et non egent
10 et nihil concupiscunt. Cum igitur et liberi servis et divites pauperibus humilitate[3] animi pares simus, apud deum tamen virtute discernimur: tanto quisque sublimior est, quanto iustior. Sicut enim sapientia hominum summa stultitia[4] est apud deum, stultitia autem summa sapientia est, sic deo[5] humilis et abiectus[6] est, qui fuit in terra quamvis conspicuus[7] et sublimis.

(nach Lactantius)

Ü a) Übersetze: 1. Etsi ingenia omnium paria esse non possunt, iura certe paria debent esse eorum inter se, qui sunt cives in eadem re publica. 2. Ut sit magna, tamen certe lenta est ira deorum. 3. Nolumus fraude uti, quamvis fructuosa *(gewinnbringend)* sit. 4. Atticus honores non petiit, cum ei paterent. 5. Divitias homines quamvis in-digni habere possunt. 6. Saepe de officio admonemur; quamquam quid monitiones *(Mahnungen)* proficiunt?

b) Verben auf **-tā-re (-sā-re)** und **-itā-re** bezeichnen eine *Verstärkung* (Verba intensiva) oder *Wiederholung* (Verba frequentativa) einer Handlung, z. B. *clamare* schreien – *clamitare* laut schreien (intens.); *trahere* ziehen – *tractare* 'hin- und herziehen', behandeln (frequ.). Betrachte die folgenden Wortpaare und versuche eine Übersetzung: canere – cantare; cedere – cessare; tueri – tutari; pellere – pulsare; rapere – raptare; consulere – consultare; a-spicere *(zu altlat.* specere) – spectare; agere – agitare; iacere – iactare; consequi – consectari; currere – cursare; dicere – dictare.

---

1) *impertīre (pars)* zuteilen   2) *spīritus, -ūs* hier: Seele, Geist   3) *humilitās, -ātis* zu *humilis, -e*
4) *stultitia, -ae* zu *stultus, a, um*   5) *deō = apud deum*   6) *abiectus, a, um* verworfen   7) *cōnspicuus, a, um* auffallend, bedeutend

c) Bilde zu den folgenden Adjektiven jeweils Komparativ und Superlativ:

pauper, dives, bonus, clarus, humilis, iustus, malus, magnus, parvus, multi.

d) Erkläre die vom Grundwort *servus* gebildeten Ableitungen:

servire, servitium, servitus, servilis, servitudo, servulus, conservus.

e) Zeige in L die rhetorischen Figuren der Anapher und des Parallelismus auf.

f) Vergleiche die Bewertung von Reichtum und Armut durch Lactantius im 2. Teil von L mit der des heidnischen Philosophen Seneca (L 115). Gibt es Gemeinsamkeiten bzw. Unterschiede?

Z   Gleichheit ist die Quelle der Gerechtigkeit:

Neque Romani neque Graeci iustitiam tenere
    potuerunt,
quia dispares multis gradibus homines   *dispār, -paris* ungleich
    habuerunt:
5   a pauperibus ad divites,
ab humilibus ad potentes,
a privatis denique usque ad regum
    sublimissimas potestates.
Ubi enim non sunt universi pares,
10   aequitas non est;
et excludit inaequalitas ipsa iustitiam,   *exclūdere* ausschließen   –   *inaequālitās*
cuius vis omnis in eo est,   Ungleichheit
ut pares faciat eos,
qui ad huius vitae condiciones pari sorte
15   venerunt.
(Lactantius, Göttliche Unterweisungen V 10,19–20)

Aula Regia, sog. Basilica, in Trier. Höhe 30 m, Länge 67 m, Breite 27,5 m. Der Bau wurde von 306 bis 312 n. Chr. errichtet und ist nach dem Pantheon in Rom der größte erhaltene Bau des römischen Altertums. Die Ziegelwände waren in der Antike mit weißgrauem Putz überzogen.

E
1. Quālis rēx, tālis grex.
2. Amīcōs aequē ac (nōn minus quam) nōs ipsōs dīligere dēbēmus.
3. Sīc vīve cum hominibus, tamquam deus videat; sīc loquere cum deō, tamquam hominēs audiant.
4. Aristīdēs iūstior erat, quam ut invidiam Athēniēnsium effugere posset.

L

Mit einem Freund teilt man auch die geheimsten Gedanken

Seneca Lucilio suo salutem.

Epistulas ad me perferendas tradidisti, ut scribis, amico tuo; deinde admones me, ne omnia cum eo ad te pertinentia communicem, quia non soleas ne ipse quidem id facere. Ita eadem epistula, qua illum dixisti amicum, etiam negasti. Sic enim
5 illum amicum vocasti, quomodo omnes candidatos[1] bonos viros dicimus, quomodo obvios dominos salutamus.

Sed si aliquem[2] amicum existimas, cui non tantundem[3] credis quantum tibi, non satis nosti vim verae amicitiae. Tu vero omnia cum amico delibera, sed de eo prius: ut post amicitiam[4] credendum est, sic ante amicitiam iudicandum. Isti vero
10 officia permiscent[5], qui contra ac praecipit Theophrastus, cum amaverunt, iudicant, et non amant, cum iudicaverunt. Diu cogita, an tibi in amicitiam aliquis recipiendus sit. Cum placuerit fieri, toto illum pectore admitte: tam audaciter cum illo loquere quam tecum.

Tu quidem ita vive, ut nihil tibi committas, nisi quod committere etiam inimico
15 tuo possis. Sed quia interveniunt[6] quaedam, quae consuetudo fecit arcana[7], cum amico non minus omnes curas quam omnes cogitationes tuas misce. Nulla enim vox, ut est apud Ciceronem, inimicior amicitiae est, quam eius, qui dixit ita amare oportere, ut si aliquando sit osurus[8]. Vale.

(nach Seneca und Cicero)

Ü
a) Übersetze die folgenden Sätze und beachte dabei die Wörter, die den Vergleich zum Ausdruck bringen:

1. Quot homines, tot sententiae. 2. Tantum scimus, quantum memoria tenemus.
3. Puniendumne videtur scelus non perfectum item quemadmodum perfectum?
4. Hannibal in pace pari diligentia se praebuit ac fuerat in bello. 5. Aliena vitia reprehendi quam sua quisque mavult. 6. Ut res est stulta, sic plurimorum admirationem movet. 7. Alexandro mortuo successor (zu succedere) repertus non est, quia maior moles erat, quam ut unus subire eam posset. 8. Agrigentini aedificant quasi semper victuri et cenant quasi semper (jederzeit, im nächsten Augenblick) morituri.

---

1) *candidātus, -ī* Amtsbewerber   2) *sī aliquis* wenn überhaupt jemand   3) *tantundem* ebensoviel   4) *post (ante) amīcitiam* nach (vor) dem Zustandekommen der Freundschaft   5) *permiscēre* vermischen, durcheinandermengen   6) *intervenīre* dazwischenkommen, eintreten   7) *arcānus, a, um* geheim   8) *ōsūrus, a, um* Part. Fut. Akt. zu *ōdisse*

b) *Existimare* ist eine Weiterbildung von *aestimare*.
Der Diphthong *ae* wird zu *ī*, wenn er in einer Mittelsilbe erscheint. Ebenso wird *au* zu *ū*.
Nenne die Grundwörter der folgenden Komposita: occīdere, conquīrere, collīdere *(Kollision)*, inīquus; accūsare, recūsare, excūsare, inclūdere *(inklusive)*, exclūdere *(exklusive)*.

c) Seneca verwendet in L 4–8 drei Verbformen im Perfektstamm in der verkürzten Form. Wie lauten die vollständigen Formen?

d) Welche Stilfigur liegt in L 10 f. vor?

e) Suche alle nd-Formen aus L und erläutere ihre Verwendung.

f) Gib mit deinen Worten den Inhalt des Satzes ‚Sic enim illum … dominos salutamus' (L 4 ff.) wieder.

Z Kann man mit den Versen des Dichters Florus einverstanden sein:

Tam malum est habere nummos,	*nummus* Münze, Geld(stück)
non habere quam malum est;	
tam malum est audere semper	
quam malum est semper pudor;	*pudor* hier: Zurückhaltung
5 tam malum est tacere multum	
quam malum est multum loqui;	
tam malum est foris amica	*forīs* draußen
quam malum est uxor domi;	
nemo non haec vera dicit,	*nēmō nōn* jeder(mann)
10 nemo non contra facit.	*contrā facere* zuwiderhandeln

(Florus VIII)

Gedanken über die Freundschaft:

IDEM AMICI SEMPER VOLUNT.
VERAE AMICITIAE SEMPITERNAE SUNT.   *sempiternus* ewig
AMICITIAE IMMORTALES, MORTALES
   INIMICITIAE ESSE DEBENT.
AMICUS CERTUS IN RE INCERTA CERNITUR.
COMMUNIA SUNT AMICORUM INTER SE OMNIA.
UBI AMICI, IBIDEM OPES SUNT.   *ibīdem* ebenda
FACILE EX AMICO INIMICUM FACIES,
   CUI PROMISSA NON REDDAS.
AMICI MORES NOVERIS, NON ODERIS.
VETERRIMUS HOMINI OPTIMUS AMICUS.

E 1. Hostēs lēgātōs mīsērunt, quī pācem peterent *(final)*.

2. Stultus es, quī haec nōn anteā vīderis *(kausal)*.

3. Catō, quī Graecōs contemneret, litterās Graecās didicit *(konzessiv)*.

4. Nōn is sum, quī mortis perīculō terrear *(konsekutiv)*.

5. Quī modestē pāret, vidētur dignus esse, quī aliquandō imperet.

L **Gott hat seine Schöpfung planvoll eingerichtet**

Für Lactantius ist der Kosmos nicht Ergebnis eines Zufalls, sondern zeigt in allen seinen Erscheinungen das Walten seines göttlichen Schöpfers:

Fecit igitur deus primum omnium caelum et in sublime posuit, quod esset sedes ipsius dei conditoris[1]. Deinde terram fundavit[2] et subdidit caelo[3], quam homo cum ceteris animalium generibus incoleret. Eam esse voluit, quae aqua circumflueretur et contineretur[4].

5 Suum vero habitaculum[5] ornavit claris luminibus et implevit, sole scilicet et luna et astris splendidis. Tenebras autem constituit in terra; nihil enim luminis per se continet terra, quin accipiat e caelo: in quo posuit lucem perennem[6] et vitam perpetuam, et contra in terra tenebras et mortem.

Ipsius quoque terrae binas partes contrarias inter se constituit, orientem scilicet 10 occidentemque. Ex quibus oriens dei est, qui ipse luminis fons et illustrator[7] sit rerum quique oriri nos faciat ad vitam sempiternam; occidens autem pravae illi menti ad-scribitur, quae lumen abscondat[8], quae tenebras semper inducat quaeque homines faciat occidere et interire peccatis.

Deinde alteras partes eadem ratione dimensus est[9], meridiem et septentrionem[10]; 15 in his quoque duabus partibus figura[11] vitae ac mortis continetur, quia vita in calore est, mors in frigore.

Secundum harum partium dimensionem[9] diem quoque fecit ac noctem, quae orbes temporum perpetuos, quos vocamus annos, alterna successione[12] conficiant.

(nach Lactantius)

Ü a) Übersetze und achte dabei auf die Sinnrichtung der Relativsätze: 1. Ariovistus partem suarum copiarum, quae Caesaris castra oppugnaret, misit. 2. Tum bene fortis equus reserato carcere (carcerem reserāre *die Startschranke öffnen*) currit, cum, quos praetereat quosque sequatur, habet. 3. Caesar in Rheno flumine pontem fecit, quo copias traduceret. 4. Quis est, quin cernat, quanta vis sit in sensibus? 5. Nego in Sicilia signum (hier: *Statue, Götterbild*) ullum fuisse, quin Verres abstulerit (Cicero; vgl. dazu I 88).

b) Fülle die Lücken bei den folgenden Sätzen mit der entsprechenden Form des Relativpronomens *qui, quae, quod* und übersetze: 1. ... rem suam familiarem non potest bene administrare, non est idoneus, ... rem publicam regat. 2. Hic liber dignus est, ... legatur ab omnibus. 3. Digna profecto socordia tua est, ... gravissime reprehendatur.

---

1) *deus conditor* Schöpfergott 2) *fundāre* (be)gründen, festmachen 3) *subdere caelō* unter den Himmel setzen 4) *continērī* fest gegründet sein 5) *habitāculum, -ī* Wohnung 6) *perennis, -e* dauernd 7) *illūstrātor rērum: quī rēs illūstrat* 8) *abscondere* verbergen 9) *dīmētīrī* (davon *dīmēnsiō, -ōnis*) ausmessen, verteilen 10) *septentriō, -ōnis* Norden 11) *figūra, -ae* hier: Erscheinung 12) *alternā successiōne* in wechselnder Folge

Gott als Weltenschöpfer. Malerei auf Pergament aus der Pantheon-Bibel. 1. Drittel des 12. Jh.s.
Rom. Vatikanische Bibliothek. Der Weltenschöpfer thront in einer Gloriole, in der Linken hält er
ein Buch, die Rechte ist in gebietender Gebärde erhoben. Er ist flankiert von zwei Engeln, über
diesen links die Sonne, rechts der Mond. Unter dem Bild steht ein mittelalterlicher Hexameter:
FORMAT · CUNCTA · D(EU)S · FIT · ET · HINC · DISCRETIO · REBUS.

c) 1. Stelle alle Gegensatzpaare zusammen, die im Text von L enthalten sind.

2. Vergleiche den Schöpfungsbericht bei Lactantius mit dem der Bibel (Genesis
   1,1–2,4a).
   Welche Gemeinsamkeiten haben beide Berichte und worin unterscheiden sie sich
   voneinander?
   Welche Teile des biblischen Schöpfungsberichtes fehlen bei Lactantius?
   An welchen Stellen ist Lactantius ausführlicher als der biblische Bericht?

3. Was ist mit *prava illa mens* (L 11 f.) gemeint?

4. Stelle aus L 10–13 die Aussagen zusammen, die sich auf *deus* und *prava illa mens*
   beziehen. Stelle die sich jeweils entsprechenden Aussagen einander gegenüber.

5. Lactantius beschränkt sich in seiner Darstellung nicht auf die Beschreibung der
   Schöpfung, sondern interpretiert sie. An welchen Stellen wird dies deutlich?
   Welche Absicht verfolgt Lactantius damit?

Z   Auch Heiden haben schon den wahren Gott erahnt:

Plato quidem multa de uno deo locutus est,
a quo ait constitutum esse mundum,
sed nihil de religione:
somniaverat enim deum, non cognoverat.   *somniāre* träumen
5 Quodsi iustitiae defensionen vel ipse   *dēfēnsiō* zu *dēfendere*
    vel quilibet alius implere voluisset,
in primis deorum religiones evertere debuit,   *religiōnēs* verschiedene Formen religiö-
quia contrariae sunt pietati.   ser Verehrung – *ēvertere* umstürzen,
Quod quidem Socrates quia facere temptavit,   beseitigen
10 in carcerem coniectus est,
ut iam tunc appareret,   *tunc = tum*
quid esset futurum iis hominibus,
qui iustitiam veram defendere
    deoque singulari servire coepissent.
    (Lactantius, Göttliche Unterweisungen V 10,13 f.)

120

E
1. a) Cicerō cum amīcīs disputāvit. Eum Graecōrum philosophōs audīvisse cōnstat.
   b) Cicerō, quem Graecōrum philosophōs audīvisse cōnstat, cum amīcīs disputāvit.
2. a) Cicerō Athēnīs versātus est. Is quantopere litterīs studuerit, scīmus.
   b) Cicerō, quī quantopere litterīs studuerit scīmus, Athēnīs versātus est.

L   **Bedeutende Orte der Vergangenheit wecken geschichtliche Erinnerungen**

Zu Beginn des 4. Jhs. v. Chr. hatte Platon vor den Toren seiner Vaterstadt Athen im Hain des Akademos seine eigene Schule gegründet, die den Namen ‚Akademie' (griech. *akadémeia*) erhielt. Wie viele andere Römer vor ihm studierte auch Cicero in Athen und hörte Vorlesungen bei dem Philosophen Antiochos von Askalon, einem der Nachfolger Platons in der Leitung der Akademie. In seiner Schrift ‚De finibus bonorum et malorum' berichtet Cicero:

Als ich, wie es meine Gewohnheit war, Antiochos gehört hatte, und mit mir zusammen M. Piso, mein Bruder Quintus, T. Pomponius Atticus und mein Vetter Lucius, beschlossen wir, eines Nachmittags in der Akademie einen Spaziergang zu machen, um uns in Ruhe zu unterhalten.

Tum Piso: Naturane nobis hoc datum est, ut, cum ea loca videamus, in quibus viros memoria dignos acceperimus multum esse versatos, magis moveamur, quam si eorum ipsorum aut facta audiamus aut scriptum aliquod legamus? Velut ego nunc moveor. Memini enim Platonis, quem accepimus primum hic disputare
5   esse solitum; eius etiam hortuli[1] propinqui ipsum videntur in conspectu meo ponere. Tanta vis admonitionis[2] inest in locis, ut non sine causa ex iis memoriae ducta sit disciplina[3].
Tum Quintus: Est plane, ut dicis. Nam me ipsum huc modo venientem convertebat ad se Colonëus ille vicus, cuius incola Sophocles ob oculos versabatur, quem
10   scis quam admirer quamque eo delecter.
Tum Pomponius: At ego, quem deditum esse Epicuro neminem fugit, sum multum cum Phaedro, quem unice diligo, ut scitis, in Epicuri hortis, quos modo praeteribamus.
Tum Piso: Quoniam igitur aliquid omnes diligunt, quid Lucius noster? An eum
15   locum libenter invisit[4], ubi Demosthenem et Aeschinem inter se decertare[5] solitos esse constat? Suo enim quisque studio maxime ducitur.
Et Lucius: Ego quidem in Phalericum[6] descendere consuevi, quo in loco ad fluctum aiunt declamare[7] solitum esse Demosthenem, ut fremitum assuesceret[8] voce vincere. Modo etiam paulum de via declinavi[9], ut ad Periclis sepulcrum acce-
20   derem. Quamquam id quidem infinitum est in hac urbe; quacumque[10] enim ingredimur, in aliqua historia vestigium ponimus[11].

(nach Cicero)

---

1) *hortulus, -ī* Dem. von *hortus, -ī*; Pl. kleiner Park   2) *admonitiō, -ōnis* Erinnerung   3) *memoriae disciplīna* Geschichtswissenschaft, Studium der Geschichte   4) *invīsere* aufsuchen   5) *dēcertāre* um eine Entscheidung kämpfen   6) *Phalēricus* (erg. *portus*) der Hafen von Phaleron   7) *dēclamāre* sich im (lauten) Reden üben   8) *assuēscere = cōnsuēscere*   9) *dēclīnāre* abbiegen   10) *quācumque* erg. *viā* (vgl. Ü 90c)   11) *vestīgium pōnere in aliquā rē* seinen Fuß auf etwas setzen

Ü a) Übersetze die folgenden Sätze. Achte auf ein gutes Deutsch, wenn du die ‚Verschränkungen' auflöst:

1. Nero, qui quam crudelis fuerit audivistis, etiam matrem interfecit. 2. Vespasianus, quem parcissimum fuisse constat, dixit pecuniam non olēre *(riechen)*. 3. Omnia, quae nunc vetustissima esse creduntur, nova aliquando fuerunt. 4. Consul milites maximis affecit muneribus, quos primos in castra hostium irrupisse centuriones nuntiaverant. 5. Nemo facere dubitat, quod se bene didicisse confidit.

b) Bisweilen finden sich auch Verschränkungen eines Relativsatzes mit einer Partizipialkonstruktion (z. B. Ablativ mit Prädikativum) oder mit anderen Arten von Gliedsätzen. Versuche die folgenden Sätze zu übersetzen:

1. Quis non colat pietatem, qua sublata omnis tollatur humanitas? 2. Syracusae constant ex quattuor urbibus, quarum quae postrema aedificata est, Neapolis nominatur. 3. Numquam satis praedicari potest philosophia, quam qui secutus erit, totum vitae suae tempus sine molestia *(Beschwerde)* potest agere.

c) Nenne die Plätze, die die Freunde Ciceros in Athen mit Vorliebe aufsuchen. Gib auch die lateinischen Ausdrücke an.

d) Warum beeindruckt die Umgebung, in der große Männer gewirkt haben, die Menschen mehr als ein Bericht über sie oder Schriften, die sie verfaßt haben (vgl. L 2 f.)?

e) Sind dir Orte bekannt, die mit bedeutenden Menschen verbunden sind? Hast du solche Orte schon aufgesucht?

f) Lies den Abschnitt ‚Konstruieren' S. 121 f. und wende diesen Weg auf L 1–3 an.

Statue des Demosthenes
Römische Marmorkopie eines griechischen Bronzeoriginals von Polyeuktos, das 280 v. Chr. auf der Agora von Athen aufgestellt wurde. Rom, Vatikanische Museen.

I Von dieser Statue berichtet Plutarch:

Als einmal ein Soldat vor Gericht erscheinen mußte, legte er sein weniges Geld in die Hände der Statue des Demosthenes, die in der Nähe aufgestellt war. Sie steht mit zusammengefalteten Händen da, und neben ihr befindet sich eine Platane. Eine Menge Blätter, die der Wind zufällig dahin getrieben oder der Soldat selbst darüber gelegt hatte, hielt das Geld verborgen. Als der Soldat bei seiner Rückkehr sein Geld unversehrt wiederfand, sah man dies als einen Beweis für die Unbestechlichkeit des Demosthenes an.   (nach Plutarch, Demosthenes 31)

Brief eines Romreisenden aus dem 14. Jahrhundert

Fr. Petrarca Ioanni Columnae (ruinas Urbis admirans obstupescit[1])

Ab urbe Roma quid exspectet, qui tam multa de montibus acceperit? Putabas me grande aliquid scripturum, cum Romam pervenissem. Ingens mihi forsan[2] in posterum scribendi materia oblata est; in praesens nihil est, quod incohare
5   ausim[3], miraculo rerum tantarum et stuporis[4] mole obrutus[5]. Unum hoc tacitum noluerim[6]: Contra ac tu suspicabaris accidit. Solebas enim, memini, me veniendo dehortari[7] hoc maxime praetextu[8], ne ruinosae urbis aspectu famae non respondente atque opinioni meae ex libris conceptae ardor meus ille lentesceret[9]. Ego quoque, quamvis desiderio flagrarem[10], non invitus differebam, metuens, ne,
10   quod ipse mihi animo finxeram, extenuarent[11] oculi; et magnis semper nominibus inimica praesentia. Illa vero, mirum dictu[12], nihil imminuit[13], sed auxit omnia: Vere maior fuit Roma, maioresque sunt reliquiae quam rebar. Iam non orbem ab hac Urbe domitum, sed tam sero domitum miror. Vale.

(Unveränderter Originaltext von Francesco Petrarca)

---

1) *ob-stupē-sc-ere* zu *stupēre*   2) *forsan = fortasse*   3) *ausim = audeam*   4) *stupor, -ōris* zu *stupēre*
5) *obruere* überwältigen   6) *tacitum nōlle* nicht mit Schweigen übergehen wollen   7) *dēhortārī aliquā rē* abraten von etwas   8) *praetextus, -ūs* Begründung, Vorwand   9) *lentēscere* sich abschwächen   10) *flagrāre* brennen, lodern   11) *extenuāre* verkleinern   12) *mīrum dictū* erstaunlich zu sagen   13) *imminuere = minuere*

Wie das Zentrum des antiken Rom im 18. Jh. aussah, hat der italienische Kupferstecher Giovanni Battista Piranesi (1720–1778) in seinem Stich festgehalten.

Gedanken eines deutschen Humanisten angesichts der Ruinen Roms

Quid superest[1], o Roma, tuae nisi fama ruinae
De tot consulibus Caesaribusque simul?
Tempus edax[2] sic cuncta vorat[3] nilque exstat[4] in orbe
Perpetuum; virtus scriptaque sola manent.

(Conrad Celtis, eigtl. C. Pickel, 1459–1508)

---

1) *superesse* übrig sein   2) *edāx, -ācis* gefräßig   3) *vorāre* verschlingen   4) *exstāre* vorhanden
sein

Wege zur Übersetzung lateinischer Texte

Wie ein Autofahrer verschiedene Gänge zur Verfügung hat, um die Geschwindigkeit seines Fahrzeugs den Straßenverhältnissen und dem Verkehr anzupassen (z. B. kleinere Gänge im Stadtverkehr, in Kurven oder am Berg, großer Gang auf freier Strecke), so gibt es auch verschiedene ‚Gänge' oder Wege, um einen lateinischen Satz ins Deutsche zu übertragen.

Einfache lateinische Sätze kann man meistens sofort verstehen und ihren Sinn im Deutschen formal und inhaltlich angemessen wiedergeben. Bei schwierigeren Sätzen (z. B. unübersichtliche Konstruktionen mit Gliedsätzen oder Partizipien) ist ein sofortiges Verstehen kaum möglich.

Wie nun der Autofahrer verschiedene Gänge wählt, um die Kraft des Motors optimal einzusetzen, so kann auch der Übersetzer verschiedene Wege beschreiten, um einen Satz von der einen in die andere Sprache zu übertragen.

1. Weg: Übersetzen Wort für Wort

Man hält sich beim ‚Übersetzen Wort für Wort' an die vorgegebene Reihenfolge der Wörter des lateinischen Textes.

Dabei muß man die grammatische Form jedes Wortes genau beachten; sodann überträgt man ein Wort nach dem anderen.

Doppeldeutige Wörter (z. B. *cum* Präposition oder Konjunktion) und doppeldeutige Formen (z. B. *dolō* Dativ oder Ablativ) lassen sich erst im Verlauf des Übersetzens eindeutig bestimmen.

Oft kann auf diesem Weg der Sinn des lateinischen Textes erfaßt und in ein angemessenes Deutsch übertragen werden.

Beispiel: L_1 72,1–5

Populus	*cum*	*mulierem*	*iuxta*	*Pisistratum*	*curru*		*vehentem*
Das Volk	als	die Frau	neben	Peisistratos	mit dem Wagen		fahrende

Als das Volk die neben Peisistratos auf dem Wagen fahrende Frau

conspiceret,	*valde*	*terrebatur*		*eamque*	*ut*	*deam*	*veritus est.*
erblickte,	sehr	wurde erschreckt		und sie	wie	eine Göttin	hat verehrt.

erblickte, erschrak es sehr und verehrte sie wie eine Göttin.

Praecones	*ante*	*vehiculum*		*currentes*	*haec*	*profitebantur:*	*„Veremini*
Herolde	vor	dem Fahrzeug		laufende	dies	verkündeten:	„Verehrt

Herolde, die vor dem Wagen liefen, verkündeten folgendes: „Verehrt

omnes	*Minervam,*	*ut*	*urbem*	*vestram*	*semper*	*tueatur!*	*Intuemini*
alle	Athene,	damit	die Stadt	euere	immer	sie schütze!	Betrachtet

alle Athene, damit sie euere Stadt immer beschütze!   Seht

Pisistratum,	*quem*	*dea*	*ipsa*	*in*	*arcem*	*reducit!*	*De*
den Peisistratos,	den	die Göttin	selbst	in	die Burg	zurückführt!	Um

den Peisistratos an, den die Göttin selbst auf die Akropolis führt!   Er

vobis	*deque*	*urbe*	*bene merebitur."*
euch	und um	die Stadt	er wird sich verdient machen."

wird sich um euch und um die Stadt verdient machen."

2. Weg: Gliedern in Wortblöcke

Das ‚Gliedern in Wortblöcke‘ ist eine Weiterfühung des ‚Übersetzens Wort für Wort‘.

Hierbei werden syntaktisch eindeutig zusammengehörige Wörter zu kleineren Blöcken zusammengefaßt.

Wichtige Merkmale für eine solche Zusammengehörigkeit sind z. B. gleiche Kasusendungen, Aci-Konstruktionen, Partizipialkonstruktionen, Gliedsätze und deren Teile.

Auch die Bedeutung von Konjunktionen und Satzzeichen erleichtert das Gliedern in Blöcke.

<u>Beispiel:</u> L₁ 74

„Scito, rex,	*illos viros angustias ingressos esse,*	*ut omnes*
„Wisse, König,	daß jene Männer den Engpaß betreten haben,	damit sie

Graecorum hostes arcerent.	*Est apud eos mos,*	*ut corpora*
alle Feinde der Griechen abwehren.	Es gibt bei ihnen eine Sitte,	daß sie die

exerceant	*et capita ornent,*	*quotiens ad pugnam progrediuntur*
Körper üben	und die Häupter schmücken,	sooft sie zum Kampf schreiten

et mori parant.	*Numquam patientur*	*hostes*
und sich zum Sterben vorbereiten.	Niemals werden sie dulden,	daß Feinde

patriam subigere.	*Nemo iam tibi hostis exorietur,*	*si illos*
das Vaterland unterwerfen.	Kein Feind wird dir mehr entstehen,	wenn du

viros subieceris.	*Sin autem tales viros vivere patieris,*
jene Männer unterworfen hast.	Wenn du aber solche Männer leben läßt,

Persas multa mala passuros esse	*constat."*
daß die Perser viele Übel erdulden werden,	steht fest."

Xerxes valde optavit,	*ut tanta animi fortitudo*
Xerxes wünschte sehr,	daß eine so große Tapferkeit des Herzens

apud Persas quoque oreretur.
auch bei den Persern entstehe.

Das ,Übersetzen Wort für Wort' und das ,Gliedern in Wortblöcke' sind die notwendige Voraussetzung für das ,Verstehende Lesen'.

Hierbei wird versucht, die Schritte nachzuvollziehen, die auch ein antiker Mensch beim Hören oder Lesen eines Textes vollziehen mußte, um diesen zu verstehen und in sich aufzunehmen.

Wie der antike Hörer oder Leser das Verständnis eines Satzes s c h r i t t w e i s e entwickelt, indem er Teilinformationen aneinanderreiht und zu einem größeren Ganzen verbindet, Mehrdeutiges im Fortlauf der Gedanken korrigiert und eindeutig erfaßt und am Ende den gesamten Informationsgehalt eines Satzes oder Textes begreift, so kann auch ein heutiger Leser eines lateinischen Satzes oder Textes dessen Informationen schrittweise verstehend in sich aufnehmen.

<u>Beispiel:</u> L$_1$ 75,1 f.

Quod ubi Dionysius cognovit, gavisus est mulierem tantam erga se benevolentiam habere.

quod: was; das; weil
    Die eindeutige Bedeutung bleibt noch unklar.

ubi: wo; sobald
    quod kann nicht mehr ,weil' bedeuten, sondern nur ,das'.

Dionysius: Dionysios

cognovit: er hat erkannt
    ubi muß Konjunktion sein und ,sobald' bedeuten, *quod* ist relativer Satzanschluß und Objekt zu *cognovit*.

Also: ,Sobald Dionysios das erkannt hatte.'

Ein ,Übersetzen Wort für Wort' schafft hier noch keine Eindeutigkeit; erst das Zusammenfassen der Wörter zu einem größeren Block (hier: Gliedsatz) ermöglicht das Verständnis.

gavisus est: er freute sich
    Wer sich freut, ist noch nicht klar; es kann außer Dionysios auch eine andere Person sein.

mulierem: die (eine) Frau
    Die Funktion des Akkusativs ist noch unklar.

tantam: die (eine) so große
    tantam könnte Attribut zu *mulierem* sein oder zu einem anderen, noch nicht genannten Akkusativ eines Femininums gehören.

erga se: gegen sich
    se ist reflexiv und kann sich auf das Subjekt zu *gavisus est* oder auf *mulierem* beziehen.

benevolentiam: (das) Wohlwollen

> *benevolentiam* kann mit *tantam* zusammengenommen werden; in diesem Fall gehört *tantam* nicht zu *mulierem. erga se* bildet dann mit den beiden Wörtern einen Wortblock und bedeutet: ‚ein so großes Wohlwollen gegen sich'.

habere: haben

> Jetzt ist klar, daß *mulierem habere* ein Aci ist, der von *gavisus est* abhängt.

Da zu *gavisus est* im Satz kein Subjekt mehr folgt, muß Dionysios Subjekt sein. Der Wortblock *tantam erga se benevolentiam* dürfte sich nicht auf *mulierem* beziehen, da es kaum wahrscheinlich ist, daß die Frau Wohlwollen gegen sich selbst hat. Also ist Dionysios gemeint.

tantam könnte theoretisch Attribut zu *mulierem* sein; dies ist jedoch wenig sinnvoll und aus dem Kontext (siehe die einleitenden deutschen Sätze) auch nicht zu entnehmen.

Der Satz heißt also: ‚Als Dionysios das erkannt hatte, freute er sich, daß die Frau ein so großes Wohlwollen gegen ihn habe.'

Erst am Ende des Satzes weden die einzelnen Satzglieder in ihrer Funktion und Bedeutung eindeutig klar.

In der Praxis vollzieht sich das Verstehen dieses Satzes, der hier gleichsam in Zeitlupe betrachtet wurde, natürlich wesentlich schneller.

4. Weg: Konstruieren

Wenn die bisher besprochenen Wege nicht zum Ziel führen, weil der lateinische Satz durch eine Häufung von Gliedsätzen oder Partizipialkonstruktionen unübersichtlich erscheint (besonders bei einem längeren Satzgefüge, einer Periode), kann man auch den Weg des ‚Konstruierens' wählen.

<u>Beispiel:</u> L 83,11 f.

Cum nocte quadam Galli id studerent, ut arcis murum transcenderent, Manlius, vir fortissimus, clamore anserum excitatus eos de summa rupe deiecit.

An Anfang der Periode steht ein mit der Präposition *cum* eingeleiteter Gliedsatz (bis *studerent*), sodann folgt ein weiterer, mit der Konjunktion *ut* eingeleiteter Gliedsatz (bis *transcenderent*); der Schlußabschnitt muß somit der Hauptsatz sein.

Man sucht dessen Prädikat (Frage: was ist ausgesagt?), das eine finite Verbform enthalten muß: *deiecit.* Das Subjekt dazu (Frage: wer warf hinunter?) ist *Manlius.* Zu diesem Subjekt gehört, im gleichen Kasus stehend und in Kommas eingeschlossen, die Apposition *vir fortissimus.* Weiterhin ergibt sich auf die durch *deiecit* (trans. Verbum) geforderte Frage: wen oder was warf er hinunter? ein

Akkusativobjekt *eos* und eine Ortsangabe *de summa rupe*, die durch den Bestandteil *de-* des Prädikats bedingt ist. Wer mit *eos* gemeint ist, läßt sich jetzt noch
nicht entscheiden.

Der Hauptsatz enthält ferner einen Abl. Sg. *clamore*, einen Gen. Pl. *anserum* und
ein PPP *excitatus*. Die Endung des Partizips signalisiert, daß es zum Subjekt
Manlius gehört. Mit *excitatus* wird weitergefragt: wodurch aufgeweckt? wovon
aufgeweckt? Es ergibt sich ein Ablativ des Mittels *clamore*, der seinerseits durch
ein Genitivattribut (Frage: was für ein Geschrei?) *anserum* näher erläutert wird.

In ähnlicher Weise werden nun auch die Gliedsätze konstruiert. Prädikat (was ist
ausgesagt?) im cum-Satz ist *studerent*, Subjekt (wer oder was?) ist *Galli*, Objekt
(wen oder was?) ist *id*, eine Zeitangabe (wann?) ist *nocte quadam.*

Prädikat im ut-Satz ist *transcenderent*, das Subjekt ist in der Verbform enthalten
(‚sie‘ = ‚die Gallier‘), Objekt ist *murum*; *arcis* erweist sich als vorausgestelltes
Genitivattribut auf die Frage: was für eine Mauer?

Mit dem Weg des ‚Konstruierens‘ versucht man die Funktionen der einzelnen
Teile des Satzes genau zu bestimmen.

Hierbei ist folgende Reihenfolge der Einzelschritte empfehlenswert:

1. Man zerlegt das Satzgefüge in Hauptsatz und Gliedsätze.

2. Man isoliert den Satzkern des Hauptsatzes, d. h. sein Subjekt und sein
   Prädikat.

3. Man ermittelt weitere notwendige Satzglieder (Objekte) und zusätzliche
   Angaben (Adverbialien).

4. Man ordnet vorhandene Attribute ihren Beziehungswörtern zu.

5. Das gleiche Verfahren wird sodann beim Konstruieren der Gliedsätze angewendet.

Das ‚Konstruieren‘ ist ein Weg, die ‚Konstruktion‘ des lateinischen Satzes im
Deutschen ‚nachzukonstruieren‘.

Die Übersetzung des Beispielsatzes lautet also: ‚Als in einer bestimmten Nacht
die Gallier danach trachteten, die Mauern der Burg zu übersteigen, warf Manlius,
ein äußerst tapferer Mann, vom Geschrei der Gänse aufgeweckt, sie (d. h. die
Gallier) von der Höhe des Felsens hinunter.‘

5. Weg: Analysieren

Beim ‚Analysieren‘ ist es empfehlenswert, den Text erst einmal aufmerksam
durchzulesen. Man geht nun von dem aus, was an einzelnen Teilen verstanden
ist, und versucht, mit Fragen nach dem Sinn den Satz als Ganzes inhaltlich zu
‚analysieren‘. Wichtig ist im folgenden Beispiel der Inhalt des vorausgegangenen
Textabschnittes (L 85,3 ff.). Aus ihm ist bekannt, daß der Freigelassene C. Furius
Cresimus den Neid seiner Nachbarn erregt hat, weil seine Felder allzu reichlich
Früchte hervorbrachten. Der Neid äußert sich in dem Vorwurf der Zauberei.

Beispiel: L 85,6–10

Quam ob rem a Spurio Albino aedile dies ei dicta est; metuensque Cresimus damnationem, cum in suffragium oporteret ire, instrumenta rustica omnia in forum attulit: ferramenta egregie facta, graves ligones, vomeres ponderosos, boves saturos, familiamque suam adduxit, quae valetudine bona et veste differebat ab aliis.

Man versucht nun, den Inhalt dieses Textes durch Fragen zu ermitteln.

Wovon ist die Rede?　Davon, daß jemand vor Gericht geladen wird.
Wer?　Cresimus.
Von wem?　Von dem Ädilen Spurius Albinus.
Warum?　Wegen des Vorwurfs der Zauberei.

Mit der relativen Satzverknüpfung *quam ob rem* wird auf den Vorwurf angespielt, daß Cresimus angeblich Früchte von den Feldern der Nachbarn auf seine eigenen gezaubert habe.

Was tut Cresimus in dieser Situation?　Er bringt all seine *instrumenta rustica* aufs Forum: das hervorragend gefertigte Eisengerät, die schweren Hacken und die schweren Pflüge sowie die wohlgenährten Ochsen.
Weshalb tut er das?　Er tut es, weil er Angst vor einer *damnatio* hat.

Diese Information erhält man durch das Part. Präs. Akt. *metuens*, dessen Endung zeigt, daß es zum Subjekt *Cresimus* gehört.

Wann vor allem zeigt er diese Angst?　In dem Augenblick, wo er zur Verhandlung geht, in der das Urteil gefällt werden soll *(cum in suffragium oporteret ire)*.
Was führt Cresimus außer seinen *instrumenta rustica* noch aufs Forum? Seine *familia* (d. h. die ganze Hausgemeinschaft, bestehend aus Ehefrau, Kindern, Sklaven und Sklavinnen, die er, der ehemalige Sklave, als Freigelassener nun selbst hat).
Wodurch fällt die *familia* des Cresimus besonders auf?　Sie ist bei guter Gesundheit und trägt bessere Kleidung als die anderen Leute (Relativsatz am Ende der Periode).

Wenn der Inhalt des Satzes so ‚analysiert‘ ist, hat man das richtige Verständnis des Textes gewonnen und kann die Übersetzung in Angriff nehmen.
Es ist jedoch empfehlenswert, zur Probe das Ergebnis des ‚Analysierens‘ durch einen anderen Weg, z. B. den des ‚Konstruierens‘, auf seine Richtigkeit zu überprüfen.

Übersicht über die Stilfiguren[1]

Alliteration (gleicher Anlaut zweier oder mehrerer aufeinanderfolgender Wörter):
Regulus Carthaginienses per **f**idem **f**allere in animo non habuit. (vgl. G 84c)

Anápher (aufeinanderfolgende Sätze oder Teilsätze beginnen mit demselben Wort oder derselben Wortgruppe):
Quare multa milia passuum vis procedere? **Quare** multorum virorum sanguinem profundere? **Quare** ista omnia, quae desideras, non vis iam nunc percipere?
(vgl. G 86f)

Antithése (Zusammenstellung zweier Wörter, Begriffe oder Gedanken, die in direktem Gegensatz zueinander stehen):
Fide servata Regulus **perfidia** Punica periit. (vgl. G 84c)

Asýndeton (gleichwertige Satzglieder oder ganze Sätze werden ohne formale Verknüpfung durch Pronomina oder Konjunktionen nebeneinandergestellt):
Ei vetus nobilitas, maiorum fortia facta, cognatorum opes praesidio adsunt.
(vgl. G 90d)

Chiásmus (kreuzweise Stellung von vier aufeinander bezogenen Satzgliedern a b – b a):

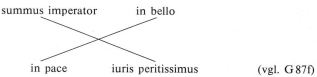

(vgl. G 87f)

Ellipse (Auslassung von Satzgliedern, die für das Verständnis einer Aussage nicht unbedingt nötig sind):
A cunctis lateribus clamor. (vgl. Ü 33f)

Hypérbaton (Trennung einer syntaktisch zusammengehörigen Wortgruppe durch dazwischengeschobene Satzteile):
Nulla Romanis **urbs** carior erat Roma. (vgl. G 80g)

Litótes (Hervorhebung eines Begriffes durch die Verneinung des Gegenteils):
Sunt nonnulli lusus acuendis puerorum ingeniis **non inutiles**. (vgl. G 105e)

Metápher (bildhafter Ausdruck, bei dem die Wörter nicht in der eigentlichen, sondern in übertragener Bedeutung gebraucht werden):
Natura **oculos** membranis tenuissimis **vestivit** et **saepsit**. (vgl. G 113c)

---

1) in alphabetischer Reihenfolge

Parallelismus (Wiederkehr derselben Wortstellung):

Aliud est   populum   benignitate   conciliare,

aliud   mentes   magnificentia   commovere.
            hominum   verborum   (vgl. G 89d)

Polysýndeton (mehrere Wörter, Wortgruppen oder Sätze werden jeweils durch dieselbe Konjunktion verbunden):

Quam beatus esset humanarum rerum status, si per totum orbem mansuetudo **et** pietas **et** pax **et** innocentia **et** aequitas **et** temperantia **et** fides moraretur!   (vgl. G 116g)

Tríkolon (dreigliedriger Ausdruck):

Lydiam cepisti, Syriam occupasti, Persidem tenes.   (vgl. G 76f)

Übersicht über die Wortableitungen mit Hilfe von Suffixen

1. Verben

Suffix	Bedeutung	Beispiel	Übersetzung
-scere (vgl. Ü 108d)	Anfang eines Geschehens	pertimēscere (timēre)	in Furcht geraten
-tāre (-sāre) **-itāre** (vgl. Ü 117b)	Verstärkung Wiederholung	dictāre (dīcere)	oft sagen
		pulsāre (pellere)	heftig schlagen
		agitāre (agere)	heftig treiben, betreiben
-āre **-ire** (vgl. Ü 104f)	gewöhnliche Tätigkeit	numerāre (numerus)	zählen
		fīnīre (fīnis)	begrenzen, beendigen

2. Substantive

Suffix	Bedeutung	Beispiel	Übersetzung
-ia **-itia** (vgl. Ü 17g, Ü 93d)	Zustand, Verhalten	audācia (audāx)	Kühnheit
		laetitia (laetus)	Fröhlichkeit
-tās, -tātis **-tūs**, -tūtis **-tūdō**, -tūdinis (vgl. Ü 28d, Ü 74e, Ü 89d)	Eigenschaft, Zustand	novitās (novus)	Neuheit
		servitūs (servus)	Sklaverei
		pulchritūdō (pulcher)	Schönheit
-ulus (a, um) **-culus (a, um)** **-ellus (a, um)** **-olus (a, um)** (vgl. Ü 109c)	Verkleinerung	hortulus (hortus)	Gärtchen
		particula (pars)	Teilchen
		castellum (castra)	kleines Lager
		bēstiola (bēstia)	Tierchen

-tor (-sor)	tätige Person	accūsātor	Ankläger, Kläger
(fem.) -trīx		(accūsāre)	
(vgl. Ü 27f, Ü 94e)		dēfēnsor	Verteidiger
		(dēfendere)	
		victrīx	Siegerin
		(vincere)	
-tiō (-siō)	Handlung,	oppūgnātiō	Sturmangriff,
(vgl. Ü 28c,	Handlungsweise	(oppūgnāre)	Belagerung
Ü 98c, Ü 100d)		cōnfessiō	Geständnis,
		(cōnfitērī)	Bekenntnis
-culum (-crum)	Mittel, Gerät	vehiculum	Fahrzeug
-bulum		(vehere)	
(vgl. Ü 72e)		simulācrum	Bild, Götterbild
		(simulāre)	
		vocābulum	Benennung, Wort
		(vocāre)	
-men	Mittel, Werkzeug	certāmen	Wettkampf
-mentum		(certāre)	
(vgl. Ü 79d)		monumentum	Erinnerungszeichen,
		(monēre)	Denkmal
-ium	Handlung, Ergebnis	beneficium	Wohltat
(vgl. Ü 106e)		(facere)	
		gaudium	Freude
		(gaudēre)	
-tus, -tūs	Tätigkeit, Ergebnis	adventus	Ankunft
(-sus, -sūs)		(advenīre)	
(vgl. Ü 110b)		status	Stellung, Zustand
		(stāre)	
		cāsus	Fall, Zufall
		(cadere)	
-or	Geschehen, Ergebnis	clāmor	Geschrei, Lärm
(vgl. Ü 80f, Ü 83e)		(clāmāre)	

3. Adjektive

Suffix	Bedeutung	Beispiel	Übersetzung
-eus	Stoff, Farbe	ferreus	eisern, aus Eisen
(vgl. Ü 77e)		(ferrum)	
		lacteus	milchig, milchweiß
		(lac)	

127

-idus (vgl. Ü 80f)	Zustand, Beschaffenheit	validus (valēre)	gesund, stark
-bilis **-ilis** (vgl. Ü 92f)	Fähigkeit, Möglichkeit	mōbilis (movēre)	beweglich, unbeständig
		fragilis (frangere)	zerbrechlich, hinfällig
-ōsus (vgl. Ü 96d)	Fülle (voll von, reich an)	perniciōsus (perniciēs)	verderblich
		verbōsus (verbum)	wortreich
-tus (vgl. Ü 97c)	ausgestattet mit	fortūnātus (fortūna)	beglückt, glücklich
-ius **-icus** **-nus (-ānus)** **(-īnus)** (vgl. Ü 103c)	Herkunft, Zugehörigkeit, Merkmal	senātōrius (senātor)	senatorisch
		bellicus (bellum)	zum Krieg gehörig, Kriegs-
		paternus (pater)	väterlich, ererbt
		urbānus (urbs)	städtisch, kultiviert
		Tarentīnus (Tarentum)	tarentinisch, aus Tarent
-ālis (-āris) **-ilis** (vgl. Ü 111f)	Bezogenheit, Eigenschaft	annālis (annus)	das Jahr betreffend, Jahres-
		mīlitāris (mīles)	soldatisch, kriegerisch, Kriegs-
		cīvīlis (cīvis)	bürgerlich, öffentlich

128

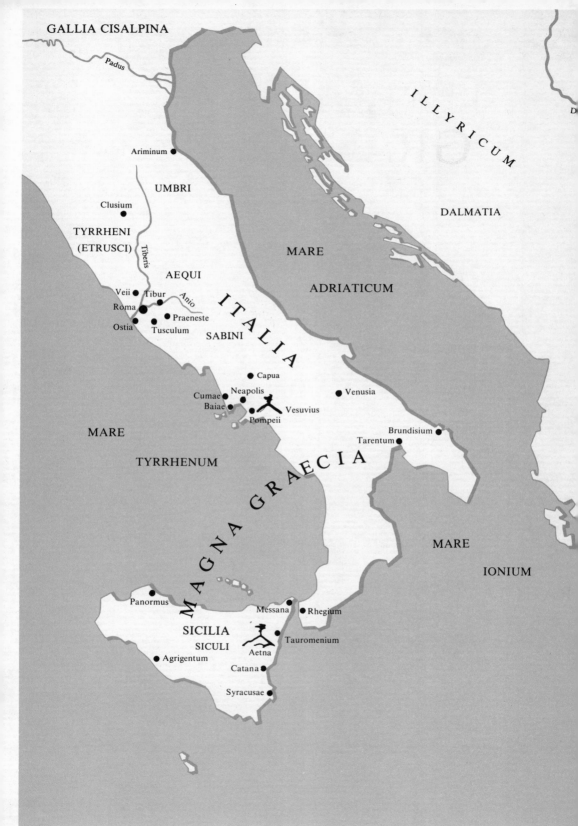